D1923276

SAARLAND

Das Leben und das Lebenkönnen, das Leben und das Lebenlassen, das ist saarländische Lebensart. Der Saarländer lebt aus der guten Gelegenheit heraus. Es ist diese lateinische «opportunitas», die er beherzigt; der Saarländer ist Grenzländer, und der Grenzländer überlebt nicht durch die Verteidigung von absoluten Ansprüchen, sondern durch seine gesunde Opportunität; er rettet sich, indem er die gute Gelegenheit ergreift.

Ludwig Harig, Die neue saarländische Freude

SAARLAND

Fotografie Detlef Ihlenfeldt
Text Alfred Gulden · Peter C. Keller

Bucher

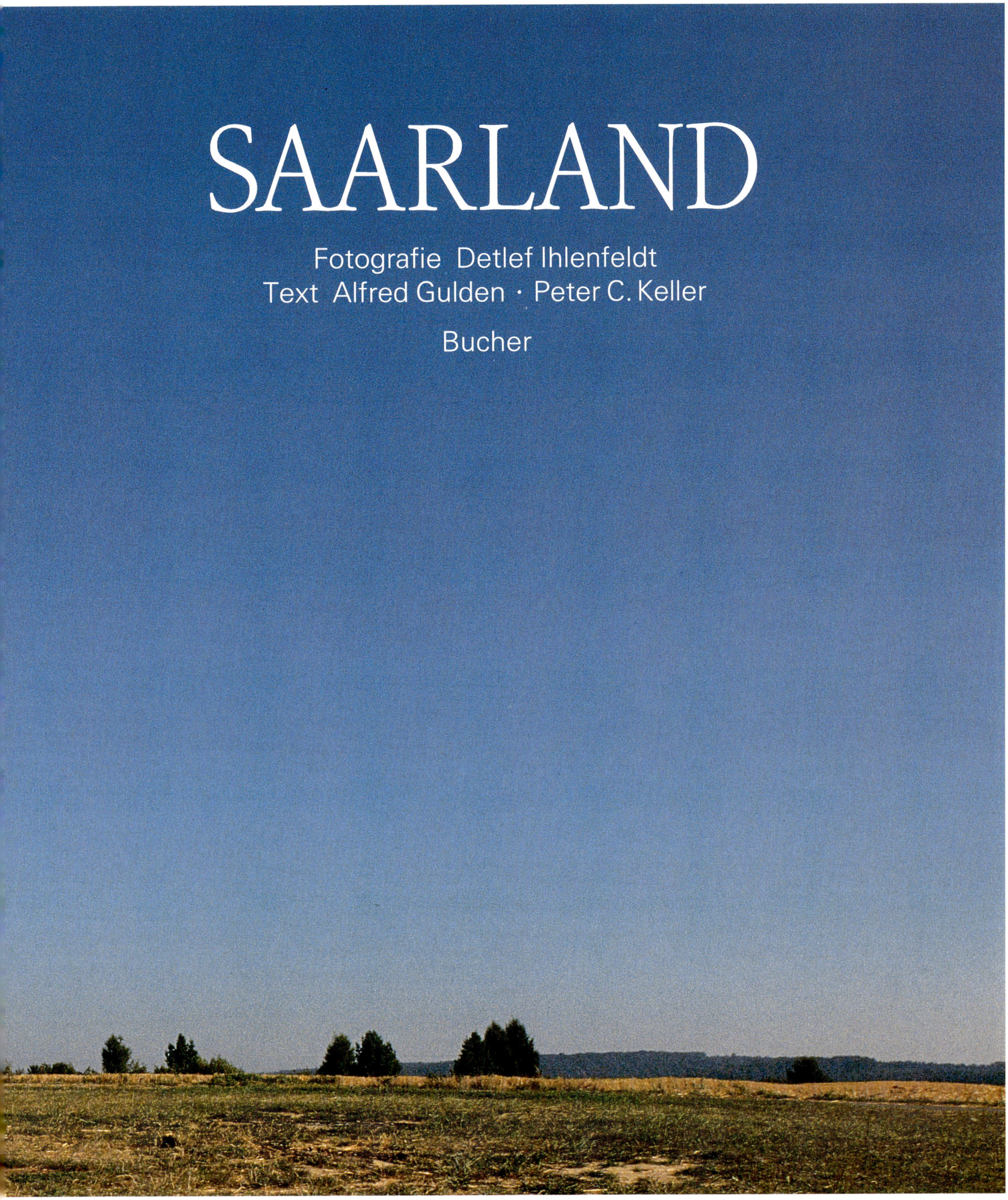

Inhalt

Bildkapitel

Detlef Ihlenfeldt

Textkapitel

Seite 1: Schloß Münchweiler bei Nunkirchen.
Seite 2/3: Der Gollenstein auf dem Hohberg.
Links: Ausflugsschiff auf der Saar.

Von dem um 1235 im heutigen Wörschweiler erbauten Zisterzienserkloster sind nur noch Mauerreste zu sehen. Im Bild das Kreissegment der Fensterrose an der früheren Westfassade der Klosterkirche.

Vorangegangene Doppelseite: Blick auf das Saarbrücker Altstadtviertel Sankt Johann. In der Bildmitte hinten die evangelische Kirche von Sankt Johann, die 1725 bis 1727 erbaut wurde.

Alfred Gulden

Briefe aus Saarlouis

Fissääl kommt von *la ficelle*, und das heißt Bindfaden

Entschuldige, daß ich jetzt erst schreibe, aber Du weißt ja, die Arbeit, der Urlaub vorbei, das Wiedereinleben ... Kannst Du Dir vorstellen, was hier vor mir liegt? Nein? Rat mal! Rätst Du doch nicht. Also, erinnerst Du Dich noch an unser erstes Gespräch? Wir hatten uns eben erst kennengelernt, ich hab' gesagt, wo ich herkomme, da hast Du mich gefragt, vielmehr Du hast gesagt: «Der hat sich den französischen Namen doch erst zugelegt, euer Ministerpräsident. Garantiert. Taktik. Der ist doch opportunistisch. Ach, sicher.» Erinnerst Du Dich noch? Und wie ich gelacht habe. Du konntest damals ja nicht wissen, daß er aus derselben Stadt stammt wie ich. Weißt Du jetzt, was vor mir liegt? Rätst Du nie. Ich sag's Dir: Das Telefonbuch. Das örtliche, von hier. Paß auf: Beaumont – Sport und Mode, Bourgeois – Bäcker, Canné – Uhren und Schmuck, Detemple – Baustoffgroßhandlung, Heizöl, Donnevert und Leroy – Holzgroßhandlung, da fällt mir ein: Villeroy – mein Vermieter, Fontaine – Elektroinstallationen, Landry – Transporte, Méguin – Öl und Lacke, Meunier – Porzellan, Geschenkartikel, Mouget – Metzger, Paquet – erstes Bestattungsunternehmen am Ort, Sellier – Reformhaus ... Und das sind nur die Fettgedruckten. Weißt Du jetzt, weshalb ich damals so gelacht habe, als Du gesagt hast: «Der hat sich den Namen, den französischen, sicher doch erst zugelegt. Politiker. Taktik. Im Hinblick auf Europa.» Du siehst, französische Namen gibt es hier bei uns im Dutzend. Gang und gäbe. Geläufig. Und das hat nichts zu tun mit Frankophilie. Noch weniger mit Gallomanie! Meinen Großvater hättest Du mal hören sollen! Der hat Bismarck verehrt. Und wie! Glühend! Und Kaisers Geburtstag war ihm heilig! Und die Franzosen, bis zu seinem Tod: «Erbfeinde, das sind und bleiben unsere Erbfeinde!» Obwohl: Fissääl, Schbingel, Ridong, Plafong, Troddoa, Kulang, Flemm, das sagt man heute noch bei uns. Im Dialekt, natürlich. Aus dem Französischen. Direkt. Die Wörter. Fissääl: das heißt Bindfaden. Schau nach im Wörterbuch, wenn Du's nicht glaubst. Von *la ficelle.* Und Schbingel heißt die Nadel, *l'épingle* im Französischen. Ridong, Plafong, das übersetze ich nicht, das weißt Du. Kulang: die Straßenrinne. Und die Flemm? Wörtlich übernommen. Von den Franzosen. Ein Hauptwort hier bei uns: Langweile, Überdruß, keine Lust zu irgend etwas haben. Zum Beispiel: Es regnet seit Tagen Bindfäden – du schaust aus dem Fenster, trist, traurig ... Die Flemm, das ist schon mehr als nur ein Wort, das ist ein Zustand ...

«Crèmeschnittchen» – der Saarvolkswagen

... Du schreibst, Du hast in Deiner Straße so einen Gangsterwagen gesehen, schwarz, runde Formen, langgestreckt, wie aus den französischen Gangsterfilmen. Und dann noch mit so einem komischen Nummernschild, SLS, daß Du ganz nah rangegangen bist. Ja, SLS, das ist das Kennzeichen für Saarlouis. Und der Gangsterwagen, der langgestreckte, runde, das ist der «traction avant», der alte Citroën mit Vorderradantrieb. Daß Du sofort dabei an mich gedacht hast, danke! Wenn ich zurückdenke, an mich als Kind, die Autos, die ich gekannt habe, bestaunt habe, Wunschträume – wir hatten kein Auto zuhaus –, die Autos sagen Dir nicht viel. Da bin ich sicher. Du kannst Dir wahrscheinlich nicht viel vorstellen unter den Automarken. Zum Beispiel: Vedette, Vendome, Panhard, Berliet ...

Ob Baden, Segeln oder Surfen – der 120 Hektar große Bostalsee, zwischen Nohfelden und Neunkirchen/Nahe gelegen, läßt so gut wie keine Freizeitwünsche offen.

Ich hab' sie genau vor Augen. Jede einzelne. Und wenn ich einen alten Panhard sehe oder einen Vendome, der Traumwagen damals ... Der Bauunternehmer in unserer Straße hatte einen, und wenn er damit durch die Straße schwebte, so leise war der Wagen, mit weißgestrichenen Rädern, eine Limousine, so wie ein Amischlitten, dann blieb mir der Mund offen stehen ... Da fällt mir ein: das «Crèmeschnittchen», das war – ich hör' Dich lachen –, nein, das war nichts zu essen, keine Süßigkeit, obwohl, süß war es schon. So ein kleines, winziges Auto. Deshalb haben die Leute es auch «Crèmeschnittchen» getauft. Und jeder wußte damals, jeder weiß heute noch bei uns, daß das «Crèmeschnittchen» ein Auto ist. Und was für eins! Vier Türen, Kleinfamilienwagen! Der Renault 4CV. Viele Saarländer hatten den. Den Saarvolkswagen. Vor kurzem hat noch einer zu mir gesagt: «Das Crèmeschnittchen war das letzte Auto, das ich zu Schrott gefahren hab' ...»

Wir sind ein Land von Briefmarkenmotiven

Vielen Dank für Deinen Brief. Auch für die Briefmarke. Hab' ich sofort bemerkt, die Saarbriefmarke. Ich bin zwar kein Briefmarkensammler – um Gottes willen! –, aber dieses Briefcouvert hab' ich nicht weggeworfen. Das hab' ich behalten. Die Saarschleife. Wohl das bekannteste Motiv von hier. Wenn Du mal kommst, dann zeig ich's Dir. In echt. Du wirst schon sehen, genauso wie auf der Briefmarke. Es gibt noch andere Motive: Hoch-

Auch am Losheimer Stausee (rechts oben) und an der Saar, wie hier nahe Saarbrücken (rechts unten), kann man sich gut erholen.

öfen, Gruben, Madonnen, Heilige und Burgruinen, Kirchen, Schlackenhalden, Fördertürme, Arbeiter und Landschaften. Wir sind ein Land von Briefmarkenmotiven. Wirklich. Du wirst Dich gewundert haben über das «um Gottes willen!» nach dem Briefmarkensammler … Das hat seine Gründe. Vielmehr einen Grund. Mein Vater war, und ist es immer noch, Briefmarkensammler. Hauptsächlich Saarbriefmarken. Jeden Sonntagnachmittag hat er am Wohnzimmertisch die Briefmarken ausgelegt, die er die Woche über zugeschickt bekommen hatte. Die Briefmarken wurden dann mit einer Pinzette hochgehoben, unter die Lupe genommen, mit dem Katalog verglichen, dann in eins der Alben gesteckt. Das hat mich natürlich sehr interessiert. Ich war damals – nein, ich war noch nicht in der Schule, also vier, fünf Jahre alt. An diesem Sonntag, ich weiß nicht, weshalb, hat mich mein Vater eine Zeitlang mit seinen ausgelegten Briefmarken allein gelassen. Ich hab die Briefmarken mit der Pinzette hochgehoben, hab' sie unter der Lupe betrachtet, und … Ich weiß nicht mehr weshalb, aber mir müssen die Zacken an den Briefmarken nicht gefallen haben. Ich weiß nur noch, daß mein Vater – er ist ansonsten ein ruhiger, eher stiller Mensch –, daß er sich auf mich gestürzt hat und mir die Schere aus der Hand gerissen hat, mit der ich gerade weiteren Briefmarken die Zacken abschneiden wollte. Das hab' ich nie vergessen, wie er wie wild um den Tisch gerannt ist, dann wieder stehengeblieben, die bereits beschnittenen Briefmarken angeschaut hat und wieder weitergerannt ist. Geschlagen hat er mich nicht. Nie. Aber gesagt hat er immer wieder, ich hör' ihn

noch: «Mein Gott, die ganze Volkshilfe! Die ganze Volkshilfe von 1934! Alle Zacken ab! Der ganze Satz! Die ganze Volkshilfe! Wo krieg' ich nur wieder die ganze Volkshilfe her! 1934! Und noch mit Aufdruck! Mit Aufdruck! Volksabstimmung '35! Der Aufdruck! Die ganze Volkshilfe!»

Jasager – Neinsager: Nix wie häm und «Heim ins Reich», 1935, 1955

Hab' ich gelacht, als ich Dein Briefcouvert wieder in der Hand hatte! «Saarlois» steht da als Anschrift. Das ist natürlich falsch. Du hast wohl an Alois gedacht – oder Loisl, wie Ihr sagt. Saarlois. Aber immer noch besser als Saarlautern. So haben wir mal geheißen. Zur Nazizeit. 1935. Saarabstimmung. Und wir sind «Heim ins Reich». Und sofort umgetauft worden. Saarlouis – Saarlautern. Wieso? Weil ein Franzose, ein Louis, in einem deutschen Land nichts zu suchen hat. Haben die Nazis gesagt und haben aus dem Vorort Fraulautern und der Stadt Saarlouis Saarlautern gebastelt. Aber besser als «Saartrutzburg» oder «Saartreuburg» und vor allem besser als «Saarhitler» war Saarlautern immer noch. Das war der Dank des Vaterlands: Weg mit dem Louis und Lautern dran! Deshalb häng' ich so an dem Louis! Nicht Lois! Louis! Oui! Ja klar, französisch. Louis Quatorze hat meine Stadt gegründet. Ich kann Dich hören: Ihr seid und bleibt doch Saarfranzosen ... Schon gut, schon gut! Wir sind ja «Heim ins Reich». Und nicht nur einmal! 1955 wieder: Saarabstim-

Auch heute noch betreiben manche Arbeiter, deren Herz am Ackerbau oder Weinbau hängt, neben ihrem Beruf eine kleine Landwirtschaft.

Links oben: Weinfeld bei Perl im Moselgebiet.

Links unten: Bei Losheim.

Etwa 60 Prozent der Fläche der sanft hügeligen Landschaft des Sankt Wendeler Landes – hier bei Walhausen – wird landwirtschaftlich genutzt.

mung. Saarstatut. Etwas kompliziert. Das kann ich Dir in kurzen Worten nicht erklären. Aber, Du kannst beruhigt sein, auch die Saarländer, die wenigsten, haben das damals begriffen. Da ging's nur um Ja oder Nein. Um Frankreich oder Deutschland. Die Emotionen gingen hoch. Ich kann Dir sagen! Das hab' ich miterlebt. «Wie '35», hab' ich oft gehört, «genau wie 1935!» Nur, damals waren sie für Hitler. Und jetzt gegen «Joho». «Joho»? Johannes Hoffmann. Der Dicke, so haben sie ihn genannt. War er auch. Unser damaliger Ministerpräsident. Und der Abstimmungskampf: dafür, dagegen. Jasager, Neinsager. Quer durch Familien, Betriebe, Klassenzimmer. Da sind Ehen dran zerbrochen, Freundschaften. Das kannst Du Dir nicht vorstellen! «Du Frankophiler – du Preußenkopp! Du Separatistenschwein – du Nazischwein!» Und das war noch gemäßigt! Ja, dann wieder «Heim ins Reich» als Bundesland. Bis heute. Nur, diesmal keine Namensänderung. Bis heute: Louis. Der bleibt auch dran. Saarlouis. Und wenn Du wieder schreibst, schieb einfach zwischen o und i ein u ein. Mach aus dem Loisl Louis!

Franzosenköpfe, Preußenröcke: Marschall Ney und General Lettow-Vorbeck

«... vorher vom Saarland kaum etwas gewußt, geschweige denn von Deiner Stadt. Wohl nichts Berühmts von da gekommen ...» Ich zitiere. Wörtlich. Dein Brief liegt vor mir.

alles besser. Und billiger, viel billiger. Klar wurde da geschmuggelt. Und wie! Das ganze Saarland – war halbiert. Ein Teil, der fuhr nach Zweibrücken, der andere nach Trier. In die jeweils der Grenze nächste größere Stadt in Deutschland. Nicht, wie Du Dir das vielleicht vorstellst: heimlich nachts und durchs Gebüsch! Ganz offiziell. Mit Bussen. Manchmal, da stauten sich die Busse an der jeweiligen Zollstation. Bis zu fünfzig Busse in einer Schlange. Kaffeefahrten, Wallfahrten oder Bittfahrten – das waren die Decknamen fürs Schmuggeln. Meist Frauen. Fast nur Frauen. Meine Mutter, meine Tanten. Immer zusammen. Auch wegen der Angst. Die Franzosen haben oft die Busse gefilzt. Und was da alles rauskam: Haushaltswaren vor allem, Bestecke, die hatten die Frauen oft unter den Röcken versteckt, Stoffe, Schuhe, Uhren und eben auch Arznei. Besondere Heilmittelchen. Die gab es nun mal nur im Reich, in Deutschland. Die mußten her. Egal wie. Das war ein reger Austausch damals. Da war Bewegung... Das mußt Du uns schon lassen. Wir waren immer sehr flexibel. Und deshalb gibt es uns auch noch.

Kein schöner Land?

«Habe die Ehre!», so sagt man doch bei Euch, oder nicht? Und: «Mia san mia!» Hab' ich gehört. Und gut behalten. Weil uns das fehlt. Dieses Selbstbewußtsein. Euer Selbstbewußtsein. Ich finde es zwar etwas übertrieben, ja schon. Ziemlich krachledern. Aber ein bißchen davon hätte ich schon gern für uns hier. Wir tun immer so, als wären wir die letzten. Schämen uns bis in den Boden. Oder tun genau das Gegenteil: die Nase oben. Deshalb nur ein bißchen was von Eurem «Mia san mia!». Nicht zuviel, nur keine Überheblichkeit. Die eben nicht. Aber die Mitte zwischen in den Boden schämen und in den Himmel wachsen. Selbstverständlichkeit, nicht mehr, nicht weniger. Das wär's. Bei uns gibt es ein Lied und darin eine Strophe, die sagt alles: «Mia reißen Bääm aus, wo garkän sin», «Wir reißen Bäume aus, wo keine sind.» Natürlich gibt es hier Bäume. Genug. Und nicht nur rußige Industrie. Das sind Vorurteile und Klischees, daß es nur rauchende Schlote und Drecknester gibt. Aber ein Land der Berge, Seen und Wälder sind wir auch nicht. Bei uns gibt es eben beides: Hütten und Gruben, aber auch Wälder, Wiesen und Felder, gut gemischt. Wirst Du schon sehen, wenn Du uns mal «die Ehre gibst».

Monsieur Jean: Conversation

... Die können dort kein Deutsch. Die sprechen dort Französisch, hat man Dir also gesagt. Und Dir sicher einen Französischkurs angeraten oder ein gutes Wörterbuch, bevor Du hierherfährst. Wir sprechen Deutsch hier. Ich bin keine Ausnahme. Wir sprechen alle Deutsch hier. Es gibt nur wenige, die wenigsten, die wirklich perfekt französisch sprechen. Glaub mir. Vielleicht ein paar Leute mehr als anderswo. Das ist traurig, richtig. Wand an Wand mit den Franzosen. Als Nachbarn. Über die Straße oft. Aber wie das so ist: Die an der Grenze, egal an welcher, sind oft hundertprozentiger als die Leute im Landesinnern, wollen sich absetzen, abheben vom Gegenüber. «Mia sen un blaiwen daitsch!» Ich hör' meinen Großvater noch: «Wir sind und bleiben deutsch!» Aber das hat sich geändert. Und ändert sich noch. Gott sei Dank. Da fällt mir ein: Wir hatten Französisch schon in der Volksschule. Im Gymnasium dann sowieso. Das hatte ich fast vergessen, lange nicht mehr daran gedacht. Monsieur Jean, Conversation. Französischunterricht bei einem Franzosen. Wir hatten unseren Spaß. Du weißt, wie Schüler sind. Monsieur Jean konnte, wie alle, wie viele Franzosen, kein H aussprechen. Schon hieß er: «-err -ans». Nach dem Muster: «Ich -abe -unger». Und wir haben, da sind Schüler ja erfinderisch, viele Sätze mit H-Wörtern erfunden. Also keine Angst, wenn Du «-ier-er» kommst, «-ier» spricht man Deutsch. «Nach der Schrift», würdest Du sagen, oder «preußisch». Mit Deinem Bairisch, ich weiß nicht, ob Du damit weit kommst, hier... Ich freu' mich schon. Endlich nicht mehr nur schriftlich, sondern mal wieder Austausch von «Angesicht zu Angesicht». Ich freu' mich schon auf Dich. Hier bei uns ...

Der 1759 nach Entwürfen von Ignatius Bischof erbaute Sankt Johanner Marktbrunnen ist ein Wahrzeichen Saarbrückens. Das Symbol von Sankt Johann, die Rose, krönt den Obelisken. Das Schmiedeeisengitter von Sontag Böckelmann ist ein Meisterwerk.

Nächste Doppelseite: Das Saarbrücker Schloß. Um Abriß oder Neugestaltung des 1872 von Hugo Dihm erbauten und durch Kriegsschäden baufälligen Mitteltraktes entbrannte 1969 eine Kontroverse. Der Architekt Gottfried Böhm restaurierte schließlich die erhaltenen Teile und «sicherte» sie mit einem Überbau aus Glas und Stahl.

Am Saarufer in Saarbrücken. Seit der Fluß durch Kanalisierung zur Großschiffahrtsstraße wurde, sind viele Ausflugsboote unterwegs. In stimmungsvollem Ambiente lassen sich mit dem Schiff romantische Abstecher nach Lothringen machen …

… Aber man muß sich nicht aufs Wasser begeben, um die Saar von ihrer schönsten Seite kennenzulernen. Saarländische Lebensfreude manifestiert sich nicht zuletzt in saarländischer Gastlichkeit. Die Biergärten am Saarufer sind genau das richtige für einen genußvoll vertrödelten Sommertag unter schattigen Bäumen.

Im Deutschmühlental westlich von Alt-Saarbrücken entstand 1960 die Miniaturwelt des Deutsch-Französischen Gartens. Nicht nur Kinder haben ihren Spaß an den Nachbildungen bedeutender Bauwerke wie dem Eiffelturm (links) und dem Prater-Riesenrad (rechts).

Der Skulpturengarten vor der Saarbrücker Landesgalerie bietet viele Möglichkeiten zur beschaulichen Betrachtung. Im Bild eine abstrakte Plastik aus Stahl von Brigitte Matschinsky-Denninghoff.

Mit der Saarbrücker Ludwigskirche, deren Turm den Torbogen im Vordergrund überragt, schuf Friedrich Joachim Stengel laut Einweihungsurkunde sein «Meisterstück». 1775 wurde sie mit einem Festzug, dem der Architekt selbst voranschritt, feierlich eingeweiht. Die Ludwigskirche zählt zu den schönsten protestantischen Barockkirchen in Deutschland.

Das Saarlandmuseum in Saarbrücken beherbergt neben der Landesgalerie und der Modernen Galerie auch die traditionsreiche Alte Sammlung. Malerei und Plastik des Spätmittelalters und der frühen Neuzeit, vornehmlich aus dem südwestdeutschen Raum, werden hier gezeigt. Ein Muß für jeden Saarbrücken-Besucher.

Blick in die Ludwigskirche in Saarbrücken, die Friedrich Joachim Stengel ungewöhnlich ausgestattet hat: Der Altar, ein Sarkophag, steht unter der Kanzel, die von zwei Karyatiden, die «Predigt» und «Sakrament» symbolisieren, umrahmt wird.

Nächste Doppelseite: Die Fassade der Ludwigskirche in Saarbrücken ist mit dem Wappen der Fürsten von Nassau-Saarbrücken versehen; Inschriften rühmen die Auftraggeber Wilhelm Heinrich und seinen Sohn Ludwig.

KARSTADT
KARSTADT

Im Alten Kohlehafen von Saarbrücken befindet sich seit 1989 ein außergewöhnlicher Park. Der Landschaftsarchitekt Peter Latz schuf mit dem Bürgerpark Hafeninsel eine Synthese aus Park- und Industrieanlage. Mauerreste oder alte Schienen wurden in die Bepflanzung integriert; neu ist das Wassertor, dessen Architektur Anleihen bei der Antike macht.

Peter C. Keller

Grenzpfade, Straßendörfer, Zukunftsspuren – das Saarland lädt ein

«Da eewich Widdaschpruch»

Wie zeigt sich das Saarland im Kartenbild, auf einen Blick erfaßt also? Als Blatt vielleicht, als Dolde, vorjährig, von Wetter und Boden überformt. Die Nordwestecke an der Mosel wäre dann der Stengel. Oder so: Das Land zwischen Pfalz und Lothringen als Igelfisch, als einer von denen, die ihr Meeresleben bereits hinter sich haben und nun eine südländische Hafenkneipe erhellen, mit warmem, nicht zu grellem Licht.

«Das Saarland ist eine Lampe», bestätigt Peter Köhl den Eindruck, den das Landkartenbild vermittelt. Ihr Glutkern ist hier, sagt der Mann vom Sankt Johanner Markt und meint den jährlich stattfindenden Kunst- und Antiquitätensalon. Sie strahle aus, die Lampe, nach Luxemburg, Metz, Nancy, Straßburg, wo man etwas von Kunst verstehe.

Eine Lampe also. Das Bild ist elementar, und es ist vielseitig verwendbar. Die Lampe strahlt gleichermaßen aus und zieht in ihren Bann. Ihr Wirkungskreis, ihr Lichtkreis ist größer als ihre Außenhaut. Große Länder können sich ein bißchen Selbstbezogenheit leisten. Die Kleinen sind auf Offenheit angewiesen. Und das Saarland ist nach den Stadtstaaten Deutschlands flächenkleinstes Land: Wer klein ist, muß sich etwas einfallen lassen. Und er kann seine Widersprüche nicht so leicht wegrangieren; sie treffen sich im engen Raum. «Da eewich Widdaschpruch» heißt ein Gedicht von Alfred Gulden. Ein wenig Programmatik, der Wille zum Selbstsein bei allen unvermeidlichen Anpassungen, läßt sich da schon raushören. «Nää saan, aach wänn de se klään bescht» («Nein sagen, auch wenn du so klein bist»), heißt es im Moselfränkisch des Dichters aus Saarlouis-Roden. Moselfränkisch sprechen auch die Letzelburger aus dem benachbarten Großherzogtum Luxemburg. Und es war die Sprache der Karolinger, vermutlich auch die der Merowinger. Alte Sprache, junges Land an der Saar, erst im 20. Jahrhundert aus dem Kohle- und Stahlrevier im «Bassin de la Sarre» – so nannte es der Nachbar Frankreich 1919 – am Konferenztisch der Weltkriegs-Sieger zugeschnitten. Junges Land, geprägt vom Streit um seine Macht schaffenden Produkte, in Widersprüchen gewachsen. Die Kirche, die katholische kann man wohl sagen, gab es schon, als die Franken noch fern waren. Und die Römer, die die bewaffneten fränkischen Einwanderer im Land vorfanden, waren Kelten, Gallier, die in dem halben Jahrtausend, in dem sie zum Imperium Romanum gehörten, gänzlich in dessen Latein hineingewachsen waren.

Durch das kleine Land selbst läuft eine Mundartgrenze, die «*Das-Dat*»-Linie zwischen Rheinfränkisch und Moselfränkisch: zum Beispiel am Rittersbach entlang, der den Völklinger Stadtteil Wehrden von Schaffhausen in der Gemeinde Wadgassen trennt. Der Süden gehört, grob gesprochen, zum rheinfränkischen Sprachraum, auch die Landeshauptstadt, soweit Mundart dort überhaupt noch zu hören ist.

Wer noch ein paar Pointen und Widersprüche an der Saar sucht, kann auch Bayern entdecken, Rheinbayern, wie sie genannt wurden: Der Saar-Pfalz-Kreis, Kernlandschaft des historischen Westrich, war bis 1919 pfälzisch, wurde also von München aus regiert. «Wir Bayern» nennen die Homburger und Sankt Ingberter sich manchmal gern, wenn sie es mit den «Rheinpreußen» aus Merzig oder Saarbrücken zu tun haben.

Als das vom Nachbarn begehrte Montangebiet infolge der Saarstatutsabstimmung vom 23.10.1935 am 1.1.1957 zur Bundesrepublik kam, brach gerade die Abenddämme-

Im Landesmuseum für Vor- und Frühgeschichte in Saarbrücken (rechts) werden archäologische Funde aus dem Saarland von der Vorgeschichte bis zur Karolingerzeit gezeigt. Links der Turm der Schloßkirche (Ende des 15. Jahrhunderts), die heute von der Musikhochschule der Stadt als Probenraum für Organisten genutzt wird.

rung des Kohle- und Stahlzeitalters an. Solche Kontraste läßt sich die Historie mitunter gern einfallen. Mit banaler Gradlinigkeit hat sie wenig im Sinn: Grenzlanderfahrung, immer aus erster Hand, selten mal von der Zuschauertribüne aus erlebt. Die Fähigkeit, mit Wenden und Wechselbädern zu leben und sich zu arrangieren, wenn keine Alternativen in Sicht sind, muß nicht unbedingt mit einer Lust an Umschwung und Widersprüchen verbunden sein. Vielmehr lernte man, Nischen zu schätzen und zu pflegen, in denen das Pflänzlein Harmonie gedeiht.

Fränkisches Erbe, fränkische Vielfalt

Immer noch sprechen Saarländer mit leiser Ironie vom «Reich», wenn die Pfalz, Trier, Mannheim oder Bonn gemeint sind, was bestätigen mag, daß eine gewisse Grenze, die in Lebensgefühl und Erfahrungen gründet, nach wie vor erlebt wird. Schließlich stößt man an Elbe, Rhein und Donau immer wieder auf verblüffende Unwissenheit über das «Ländle am Nebenfluß Saar». Es geschah zum Beispiel Anfang 1992 in einem bayerischen Skiort, daß einer aus dem «Reich» einen aus Saarbrücken fragte: «Wo hat Ihr Lafontaine bloß sein ausgezeichnetes Deutsch gelernt?» Ja, wo wohl?!

Bei uns heißt der westliche Nachbar «Frankreich», obwohl das Wort «... reich» im Staatsnamen seiner Landessprache – «*la France*» – nicht vorkommt. Der Stamm der Franken, der sich aus mehreren germanischen Völkerschaften zusammenfand und während der Völkerwanderung seine Rolle als Eroberer des römischen Galliens spielte, hat, wo immer er Fuß faßte, sehr unterschiedlich gewirkt: staatsbildend in Gallien, während östlich des Rheins das Herzogtum Franken Bestandteil des stark parzellierten Alten Reichs, des Fleckerlteppichs wurde. Der Herzogtitel blieb bis 1803 beim Bischof von Würzburg. Jetzt findet sich der Stammesname noch in den bayerischen Regierungsbezirken Oberfranken, Unterfranken und Mittelfranken und in Frankfurt. Das salische Kaiserhaus (1024–1125) war fränkisch, Goethe ebenso. Und im nördlichen Baden und Württemberg wird Fränkisch gesprochen. «Franken» gibt es in vielen Mund- und Spielarten, aber es gibt kein Bundesland, das so heißt. Der fränkische Merowingerkönig Chlothar I.

Dieser Webstuhl, an dem in vorchristlicher Zeit Stoffe hergestellt wurden, steht im Römermuseum in Homburg. Angeschlossen ist ein Freilichtmuseum, in dem die Anlagen einer Römerstadt zu sehen sind, die 1965 auf diesem Gelände freigelegt wurde.

Ständig wechselnde Herren bestimmten die Geschichte des Saargebiets. Die 1792 von den Franzosen besetzten linksrheinischen Gebiete wurden unter der Herrschaft Napoleons (ab 1799) Frankreich zugeschlagen. Nach dessen Sturz 1813 entschied der Wiener Kongreß im Jahr 1814/15 über die Neuverteilung in Europa.
Oben: Alexander I., Franz I. und Friedrich Wilhelm III. teilen Europa neu auf (Aquatintablatt, 1815). – Unten: Gefangennahme der Franzosen in Sankt Johann 1870 (Stich). – Mitte oben: Die Erstürmung der Spicherer Höhe 1870 durch deutsche Soldaten (Lithographie). – Mitte unten: Fürst Blücher von Wahlstatt, hier auf dem Marktplatz von Ottweiler, kämpfte 1803–1815 in den Napoleonischen Kriegen (Gemälde).

Während der Badisch-Pfälzischen Revolution von 1848/49 kam es auch in der Saargegend zum Aufruhr demokratischer Kräfte des Bürgertums, die jedoch von den preußischen Truppen niedergeschlagen wurden. – Mitte unten: Saarbrücken, Fahnenweihe der Bürgerwehr Sankt Johann (Stich von 1848).

Nach den Weltkriegen zog jeweils Frankreich als Besatzungsmacht im Saarland ein. – Oben: Die deutsche Delegation unterzeichnet am 28. Juni 1919 im Spiegelsaal des Versailler Schlosses den Friedensvertrag (Gemälde von William Orpen, 1921, London, Imperial War Museum). – Unten: Mühsam wird begonnen, die zerstörten Häuser wiederaufzubauen – in der Tauentzienstraße in Saarbrücken nach dem Zweiten Weltkrieg.

Deutsche Mutter
heim zu Dir!
zu Deutschland
Wir starben für Euch!
Und Ihr wollt uns verraten?

Jetzt ist die Saar daheim
METZGEREI
Fritz Weirich

Linke Seite: Oben: Mit Wahlplakaten warb die «Deutsche Front» 1934 für die Wiederangliederung des Saarlands an das Deutsche Reich. Bei der Abstimmung am 13. Januar 1935 entschieden sich 90,4 Prozent für die «Heimkehr ins Reich».

Links unten: Johannes Hoffmann, Gründer der Christlichen Volkspartei (CVP) und Chef der ersten saarländischen Regierung, bei der Stimmabgabe. Die Volksabstimmung am 23. Oktober 1955 fiel gegen das von Bonn und Paris ausgehandelte «Saarstatut» aus, das für das Saarland einen vorläufig europäischen Status vorsah.

Rechts unten: Allgemein gefeiert wurde die Eingliederung in die Bundesrepublik, die am 1.1.1957 wirksam wurde. Im Bild Kinder in Homburg.

Rechte Seite: Der erste Kanzler der Bundesrepublik, Konrad Adenauer, bei seinem Besuch in Saarbrücken 1957. Begleitet wurde er vom Saarländischen Ministerpräsidenten Hubert Ney, rechts hinter ihm.

stieß auch nach Osten vor, durch das Maintal, unterwarf 531 die Thüringer und brachte als Beute die Prinzessin Radegundis heim, die an der Seite des rauhen Kriegerkönigs ein aktives, verinnerlichtes Christenleben führte und das Kloster Poitiers schuf, in das sie selbst eintrat. In Schlesien, Sachsen und Thüringen bildete sich im Zuge der mittelalterlichen Ostkolonisation jene fränkisch-slawische Melange heraus, die zu den Urelementen des so vielschichtigen Deutschlands zu zählen ist. Wem es mißfällt, daß *unsere* Franken nicht wie ihre Vettern an Seine und Marne Staatswesen von Dauer gegründet haben, der muß um so mehr ihre sprachliche Vielfalt und Zählebigkeit bewundern. Bei allen Wanderungsbewegungen und bei allen kriegerischen Verwicklungen haben sich Rhein- und Moselfränkisch in unserer Gegend behauptet. In der lothringischen Nachbarschaft gingen beide deutsche Mundarten erst nach dem Zweiten Weltkrieg zurück, als Folge der Okkupation.

Wie Franken sprechen, kann man hören. Und wie sehen sie aus? Gibt es ein fränkisch geprägtes Gesicht oder mehrere Varianten davon? Der badische Liberale und Karlsruher Soziologe Willy Hellpach (1877–1955) hat die Frage bejaht und dieses Frankengesicht 1921 beschrieben. Für ihn, den wachen Beobachter, formen sich Gesichter weitgehend nach der Sprache. Ein Kind Holsteiner Eltern, das schwäbisch sprechend aufwächst, wird also einen Schwabenmund bekommen. Beim fränkischen Gesicht, im Profil gesehen, fiel Hellpach «das starke Vorspringen der Nase und das Zurückbleiben des Kinns» auf. Auch der Mund wirke, so meinte er, vorspringend, ja gespitzt. Von vorn sah unser Gesichtsmorphologe aus Karlsruhe das fränkische Antlitz eher als Dreieck, im Gegensatz zum runden der Schwaben. Vor allem fiel ihm aber die Wandelbarkeit des von ihm beschriebenen Gesichts auf: «Es ist an einen Lebensplatz gebunden und kann sich mit dessen Wechsel

Wilhelm Heinrich von Nassau-Saarbrücken (1718 bis 1768) und seine Gemahlin Sophie Christine (1725 bis 1795). Unter ihrer Herrschaft erlangte das Fürstentum wirtschaftlichen Wohlstand. (Links: Gemälde um 1759; rechts: Gemälde um 1765.)

bis in sein Gegenstück verändern [...]», schrieb er in seinen Sitzungsberichten der Heidelberger Akademie der Wissenschaften. Über Nasen-, Mund- und Kinnform kann man sich ja streiten, aber schwerlich über diese Wandelbarkeit. Saarländer sind, das wird der Kenner behaupten können, was ihre Optionen aus ihnen machen! Den dunkelhaarigen Römertyp etwa sieht man in Kölns Severinviertel häufig, in der Pfalz, in Rheinnähe nicht selten, an der Saar jedoch kaum. Hier, in der einstigen Provinz Belgica des Römerreichs, waren wohl kaum noch Grenzgarnisonen. Saarländer mit Vorfahren aus den Gebieten der fränkisch-slawischen Melange Ostdeutschlands stammen selten von Bergbauzuwanderern ab, eher von Soldaten. In Saarlouis zum Beispiel, das 103 Jahre lang preußische Garnison war, von 1815 bis 1918, kommt da schon eine Menge zusammen. Saarpreußen halt. Viele erlagen dem Charme dieses Landstrichs und wurden «Hiesige»!

«Lotharingien» – Zwischenland, Mitte

Ob Kirchenvater Hieronymus (347–419) jemals unsere Gegend besuchte? Jedenfalls hörte er während seiner Trierer Studienjahre an den Ufern der Mosel noch das Keltisch der Treverer, die Trier zur Römerzeit gegründet hatten. Keltischen Ursprungs sind alle unsere Flußnamen in Mittel- und Osteuropa, auch Rhein, Elbe und Oder: An ihnen hat man in dreitausend Jahren nicht nach jeder Wende herumoperiert wie heute an Straßennamen. Keltisch geprägte Ortsnamen kann man im Moselgau finden, dort wo der saarländische Moselwein wächst, an der luxemburgischen Grenze, etwa Besch, Borg, Nennig, Serrig. Erinnert «Trier» heute noch an die Treverer, verdankt Metz seinen Namen dem Keltenstamm der Mediomatriker. Die Grenze zwischen beiden Völkerschaften – «*civitates*», nannten das die Römer – glaubte der Pfarrer Schmitt aus Dillingen im Jahre 1850 auf dem Limberg zu erkennen: «Das Wort kommt von Limes», meinte er. So ist denn im Kreise Merzig Treverer- und im Nachbarkreis Saarlouis Mediomatrikerboden zu orten. Alte Grenzen gehen in neue über. Und sie wirken im Gedächtnis nach.

Katharina Margareta Kest (das «Gänsegretel von Fechingen», 1757 bis 1829), die als schlichtes Bauernmädchen zur Ersten Frau des Landes emporstieg: 1781 Freifrau, 1783 Gräfin von Ottweiler. Aus der Ehe mit Ludwig von Nassau-Saarbrücken (1745–1794) gingen sieben Kinder hervor. Zwei Jahre nach der Heirat wurde das Mädchen aus dem Volk zur Herzogin von Dillingen ernannt, um «standesgemäße» Voraussetzungen zu schaffen. (Links: Pastell um 1790; rechts: Gemälde um 1775.)

Lothringen bezeichnet weder einen Stammes- noch einen Landschaftsnamen. Als die drei Enkel Karls des Großen in Verdun 843 das Frankenreich, das der Großvater auf «Europaformat» gebracht hatte, teilten, fiel Lothar der Mittelteil zu. Lothar I. war Kaiser, und er hatte deshalb sogar Rom und die Rheinmündung in seinem Erbteil, allerdings nur zwölf Jahre lang, bis zu seinem Tod. «Lothringen» wurde zwischen dem Ostreich, dem Kern Deutschlands, und dem Westreich, Frankreich, erst geteilt, dann wieder verschmolzen, schließlich verkleinert. Aber der Name blieb. Und er blieb gerade in der Region, in der sich die Sprachen getrennt hatten.

Im Landesinnern waren die Sieger «Lateiner» geworden. Die Ostgallier dagegen nahmen das Fränkisch der Sieger an. Warum? Darüber kann nur spekuliert werden. Die Randgebiete mögen dünner besiedelt gewesen sein. Jedenfalls war die Pflege dieser Zweisprachigkeit die große Leistung des Herzogtums Lothringen, das zwar viele Jahrhunderte zum Heiligen Römischen Reich Deutscher Nation gehörte, aber «kulturell und zivilisatorisch früh von Frankreich durchdrungen wurde, dessen Herrscher französisch sprachen, politisch aber bis ins 18. Jahrhundert hinein gegenüber Frankreich eine durchaus selbständige Rolle für ihr Land suchten [...]», so faßt es Peter Winter, Landrat des Kreises Saarlouis, der die ältesten und engsten Verbindungen mit Lothringen hat, zusammen.

In diesem Kreis liegt auch der Bergort Berus in der Gemeinde Überherrn, einst Stadt und Festung Berus. Als Franz Stephan, Herzog von Lothringen und als Franz I. von 1745 bis 1765 römisch-deutscher Kaiser, im Jahre 1735 im Zug eines diplomatischen Roulettes zur Beilegung des polnischen Erbfolgekriegs auf das Herzogtum im Tausch gegen die Toskana verzichtete, beschloß der Beruser Rat, jährlich eine Messe für das Haus Lothringen, das 589 Jahre lang das Zwischenland regiert hatte, lesen zu lassen. Franz Stephan gründete in Wien durch seine Heirat mit Maria Theresia das Haus Habsburg-Lothringen, das 181 Jahre lang regieren sollte. Europa erfuhr Revolutionen, Bruderkriege, Teilungen, den Zusammenbruch von Weltmächten. Aber die von den Berusern gelobte Messe wird immer noch gelesen, Jahr für Jahr, wer auch immer an der Saar regiert.

Das Haus Nassau und das Lothringerhaus

«Nicht die Nassauer waren Nassauer», heißt es im Prospekt der Stadt Ottweiler von 1986, «sondern die nichtnassauischen Studenten, die gern bei den freigiebigen Nassauern nassauerten, nämlich am Freitisch der nassauischen Landeskinder fröhliche Mitesser waren.»

Stammburg der vielverzweigten Familie ist Burg Nassau an der Lahn. Alle Verzweigungen der ottonischen und der walramschen Linie akribisch aufzählen? Luxemburger und nicht wenige Bürger des Bundeslands Hessen werden das können. Hier mag der Hinweis auf «unsere» Nassauer von der Saar genügen. Im Jahr 1381, als das Grafenhaus dort ausgestorben war, kam das Haus Nassau-Weilburg an die Saar. Es teilte sich 1442 in die Weilburger und die Saarbrücker Linie. Im Wechselspiel von Teilungen und Fusionen bleiben die Nassauer bis zur Französischen Revolution im Land. Fürst Wilhelm Heinrich, der 1728 an die Saar kam, gehörte zum Zweig Usingen. Die Stärke des Hauses Nassau entstand aus der Solidarität seiner Zweige: Man half sich mit Nachfolgern aus, wenn irgendwo ein Stammbaum abbrach. Daraus ergab sich ein europäisches Gewicht trotz territorialer Kleinheit. Die Saarbrücker wurden zum protestantischen Gegenspieler der Bischöfe von Metz und Trier und der Abteien. Unter den vielen Kleinen wurden sie die Größeren, die auch für Lothringen und Trier von Bedeutung waren. Solange es das Bistum Metz als souveräne Macht gab, suchte Nassau-Saarbrücken seinen Einfluß dorthin auszudehnen, saaraufwärts.

Als Metz 1552 von Frankreich besetzt und 1633 zur Hauptstadt der Dreibistümerprovinz gemacht wurde, als sich das Herzogtum Lothringen bei Dillingen über die Saar durch das Haustadter Tal bis Tholey vorschob, und als Sébastien le Prestre de Vauban, der Festungsbaumeister Ludwigs XIV., 1680 Saarlouis in die Saarwiesen plazierte, war die Macht des Bourbonenreichs an der Saar präsent. Nassau-Saarbrücken war klug genug, gut Freund mit dem mächtigen Frankreich zu sein. Ausgerechnet in dieser Zeit, vor der Revolution von 1789, als das Kleinsein spürbar wurde, schuf Wilhelm Heinrich von Nassau-Saarbrücken die Verbindung zum bürgerlichen, wirtschaftsaktiven Zeitalter, das auf gekrönte Häupter nicht unbedingt angewiesen sein sollte, wie die Revolution zeigte. Er verstaatlichte den Bergbau, und Frankreich war Nutznießer. Im Jahre 1766 war der letzte Herzog Lothringens, der Nachfolger von Franz Stephan, fast wie geplant erbenlos gestorben – Stanislaus Leszczynski, glückloser ehemaliger König von Polen, dann in Zweibrücken. Er war bereits ein alter Herr, als er unter der Voraussetzung nach Nancy kam, daß ihn sein Schwiegersohn Ludwig XV. beerben sollte. Doch er bescherte dem schon arg gerupften Land so etwas wie Abendglanz. In der Tat fiel nach seinem Tod das Herzogtum an das Bourbonenreich.

An diese lothringer Zeit erinnert im Kreis Saarlouis das *Lothringerhaus*, das mit einer Längsseite zur Straße steht, breite Wände aus grob behauenen Natursteinen und ein knapp geschrägtes Dach hat, das sich zur Hofseite tief über die Stallungen neigt. Im Haustadter Tal findet der Wanderer solche Bauten auch jenseits der Saar. Dieses Lothringerhaus geht auf den Entwurf französischer Dorfplaner nach dem Dreißigjährigen Krieg für das gänzlich zerstörte Land zurück. Den Wiederaufbau niedergebrannter Haufendörfer mit Stückelgrundstücken zu betreiben, das widerstrebte einer vernünftigen Sicht der Dinge. Jedes Lothringerhaus ist souverän in seiner Abgeschlossenheit, ein Familienbetrieb mit dahinter liegendem Grundstück. Und jedes Lothringerhaus ist zugleich Nachbar, zu dörflicher Kommunikation befähigt.

Die Saargegend war bis 1789 Teil des Alten Reichs und geradezu ein Modell für dessen Machtparzellierung und die Verschränkung von Splittersouveränitäten. Die Prämonstratenserabtei Wadgassen gehörte zum evangelischen Nassau-Saarbrücken, was hinreichend Grund zu Reibereien zwischen Abt und Herrscher gab. Wadgassen träumte von Souveränität und konnte auf das Reichskammergericht hoffen, das Sinn für die Rechte der Kleinen hatte und dies beim Prozeß des freiadligen Damenstifts Fraulautern gegen den Saar-

Dieses Haus in Hemmersdorf bewohnte von 1781 bis zu seinem Tod im Jahre 1804 Joseph-Philippe de la Croix, Colonel und Stadtkommandant von Saarlouis.

brücker Herrscher bewiesen hatte. Doch Fürst Wilhelm Heinrich war schneller als das eher gründliche Gericht in Wetzlar: Er trat die Abtei Wadgassen in einem Grenzbereinigungsvertrag 1766 an die französische Krone ab, 25 Jahre bevor die Revolution dem Fürstentum und den weißgewandeten Chorherren ein Ende bereitete.

Abteien und Kondominien

Saarländische Lothringenbindungen haben mit Verwandtschaft zu tun, mit alten Beziehungen, mit dem Wissen vom Wert offener Grenzen. Das gut halbe Jahrtausend einer zweisprachigen Verwaltung – Sitz des deutschsprachigen Oberamts: Wallerfangen – ist schon eine Vision wert, nach den Erfahrungen, die wir im 20. Jahrhundert gemacht haben, wie rasch humane Vernunft auf der Strecke bleibt. Doch es stecken auch Erfahrungen mit der Macht in diesem Verhältnis zur westlichen Nachbarschaft. Der Macht Frankreichs gegenüber, einer konzentriert und umsichtig eingesetzten Macht, waren das Zwischenland Lothringen und überhaupt das Alte Reich, zu dem es so lange gehört hatte, die Verlierer. Das Gemenge vernetzter und rivalisierender Kleinsouveränitäten offenbarte seine Schwäche. Die Bourbonenpolitik hatte, nicht zuletzt nach dem Dreißigjährigen Krieg, Tatsachen geschaffen, die das Leben der Menschen formten, etwa die vom Baumeister Ludwigs XIV. errichtete Festung Saarlouis. Man mag auf ihrem Boden über den Charme der Macht nachdenken, nun, da alles vorbei ist. Doch: Wie kam es zu diesem Fleckerlteppich des Alten Reichs, zum Gebietskonglomerat von Herrschern und Äbten?

Zunächst gehörte das Land, nachdem die Franken es erobert hatten, deren König, und dieser mußte dafür Sorge tragen, daß etwas geschah in den nicht eben dicht besiedelten Gebieten: Er schuf Grafschaften durch Belehnung an fränkische Adlige. Kaiser Heinrich IV. schenkte 1080 dem Grafen Sigibert von Saarbrücken seinen Königshof Wadgassen. Fünf Jahre später wurde die Siersburg erbaut, an der alten Grenze zwischen

Links oben: Blick in die Schloßbergstraße in Blieskastel. Schon Victor Hugo kam beim Anblick der Ende des 18. Jahrhunderts erbauten Hofratshäuser ins Schwärmen. – Links unten: Das Schloß Münchweiler der Freiherren von Zandt bei Nunkirchen wurde zwischen 1750 und 1780 errichtet. Das aufwendige Portal gehört zum Herrenhaus. – Mitte oben: In der Schloßkirche von Blieskastel, die von 1776 bis 1781 von dem Stengel-Schüler Peter Reheis erbaut wurde. – Mitte unten: Am Saarufer erhebt sich die von Christian Kretzschmar entworfene Abtei von Mettlach (1728–1780), deren Fassade die beachtliche Länge von 112 Meter mißt.

Rechts oben: Die schlichte evangelische Christuskirche in Wellesweiler bei Neunkirchen gilt als Werk des Architekten Friedrich Joachim Stengel. – Rechts unten: Die kleine Kapelle mit Pietà befindet sich im Innenhof der Klosterruine in Gräfinthal. – Mitte unten: Der sächsische Baumeister Christian Kretzschmar wirkte ab 1740 auch in dem Städtchen Merzig. Im heutigen Ortsteil Hilbringen errichtete er 1745 für die Familie de Maurice das «Schlößchen», wie es heute genannt wird. Auffallend ist die Symmetrie des Baus, die noch von dem über dem Eingang liegenden Balkon mit seinem Stichbogengiebel betont wird.

An Nauwieser Theken – von Kläwwerern und Quermerkern

Natürlich ist der Saarbrücker Stadtteil Sankt Johann nicht Münchens Schwabing. Eben das ist gerade das Gute. Schließlich ist auch Schwabing nicht mehr das, was es einmal war. Gemeinsam ist beiden, daß Rand- und Thekenständige munter gemischt sind mit Steuerzahlern, Rentnern, kleinen Handwerkern, Studenten und allerlei Akademikern. Dafür müßte ein neuer bildkräftiger Begriff gefunden werden. Warum nicht einer, der Sankt Johann als Grundelement hat? Noch besser kreist man das Phänomen wohl ein, wenn das Nauwieser Viertel den Grundbegriff stellt. Denn der Sankt Johanner Markt ist ja deutlich von eigener Noblesse und urbanem Charme geprägt. Das Nauwieser Viertel – die «Feuerwache» und die «Garage» gehören schon ein bißchen dazu – ist im letzten halben Jahrhundert von keiner Stadtplanung so gewollt worden, wie es ist. Es hat sich entwickelt, in Verfallsprozessen und Aktionen. Kneipenkultur und Kneipenleben lassen sich sowieso nicht planen; das geschieht eher durch das Zusammenspiel von Publikumsbedürfnis und Wirtsleuten (Brauereistrategen genießen ein gewisses Mitspracherecht). Während Schwabing durch Fürstenwillen nicht gerade aus dem Boden gestampft, aber doch aus der gegebenen Dörflichkeit am Residenzrand entstand, ist die Nauwieser Mischung wie natürlich gewachsen, in Landeshauptstadtzeiten, also nach 1945, und durch Universitätsimpulse. Als der Essayist und Literaturkritiker Arthur Friedrich Binz (1897–1932) seine expressiven Texte schrieb, gab es erste Künstlercafés im Saarbrücken der Völkerbundzeit als Variante der bürgerlichen Gastronomie. Die Pinte, in der soziale Abgrenzungen für ein paar Trinkmomente lang verwischt wurden, die wird es in Köln gegeben haben, für Binz und andere Literaten hier wohl kaum. Wohl deshalb gründeten sie den «Verein der Kunstfreunde an der Saar», ein Gegenzug zum Provinziellen. Sankt Johann heute, das ist die Möglichkeit zum raschen Small talk mit dem Fremden, der neben einem steht, das ist auch das Thekengedränge als Resonanzboden für Kritik an «denen da» und für Spontancredos. Der «Kläwwerer», in München «Raunzer» genannt, den gab es gewiß schon immer im Nauwieser Viertel. Unterschiede zwischen Isar und Saar? Hat nicht der Raunzer etwas vom Bauern mit seinem natürlichen Recht, unzufrieden zu sein, mit dem Wetter, mit den Preisen, mit der Regierung überhaupt? Der Kläwwerer versteht seine Stehtischsprüche als vernunftgeboren im Dienste von «Liberté, Egalité»: Ideenkränze zausen, «die Sache», vor allem die seine, auf ihren Interessenkern zu bringen, daran liegt ihm. So bieten Nauwieser Theken etwas wie Öffentlichkeit, die hierzulande häufig zu kurz kommt, weil die kleine Gemeinschaft, der Verein oder die Nachbarschaft, die kleinen Foren, es der großen Öffentlichkeit schwermachen aufzukommen. Vor allem fungieren die Kläwwerer, Quermerker, Intelligenzler, Bohemiens und Räsionnierer in diesem Viertel zwischen Stadtwald und Staatskanzlei als Vorfühler, als Frühindikatoren mit Witterung für noch verborgene Instabilitäten scheinbar festgefügter Strukturen.

«Mal gucke»

Das Abwarten, Hinnehmen, Taktieren hat einen Gegenspieler in der Saarmentalität, den Hang, schroff zu polarisieren in schwarz und weiß, in «die» und «wir». Die im «Reich» und anderswo mögen dann Wählerentscheidungen an Blies, Bist, Nied, Prims, Rossel und Saar überraschend finden.

Wilfried Loth, Waderner des Jahrgangs 1948 und derzeit Professor für Neuere Geschichte in Essen, bezeichnete in seinem Vortrag «Saarländische Lösungen» den «fundamentalen Pragmatismus» als einen Grundzug saarländischen Lebens neben der «Hochschätzung der kleinen Gemeinschaften». Beide wurzelten im Arbeitermilieu, wie es sich hierzulande entwickelt habe. Und es wuchs, so könnte man ergänzen, im Schatten der Arbeitsmarktmonopole heran. Den Menschen an der Saar boten sich selten jene Alternativen, die sich zum Beispiel in Berlin, Hamburg, Nürnberg und auch an der Ruhr ergaben, nicht zuletzt für Frauen.

Fortsetzung Seite 57

Schloß Villeroy de Galhau ist das schönste der Schlösser in Wallerfangen und Umgebung. Es wurde 1753 im Stil französischer Landschlösser erbaut und ist seit 1875 im Besitz der Familie Villeroy. Der Seerosenteich ist Teil einer Parkanlage, die das Schloß umgibt.

Nächste Doppelseite: Alt und neu verbinden sich gut in Saarlouis, der «heimlichen Hauptstadt» des Saarlands. Die Ludwigskirche (rechts) ist ein Beispiel dafür: Hinter dem neogotischen Turm von 1885 öffnet sich das Sichtbeton-Kirchenschiff von Gottfried Böhm (1969/70). Das Rathaus (links) entstand 1954.

Das ehemalige Glasmacherdorf Karlsbrunn liegt im Warndt am Saarland-Rundwanderweg. Auf einer Anhöhe steht die romantische Dorfkirche.

Zu Ehren der heiligen Oranna, der Schutzpatronin Deutsch-Lothringens, wurde in Berus, der «Stadt auf dem Berg», die Orannakapelle errichtet. Seit 1969 beherbergt das Wallfahrtskirchlein die Gebeine der Heiligen wieder, die hier 1480 urkundlich belegt wurden.

Von der 1793 weitgehend zerstörten Siersburg in der Nähe des gleichnamigen Orts ist nur noch der Turm erhalten. Er steht an der Stelle, an der sich «Königstraße» (von Metz nach Mainz) und «Krumme Meil» (von Norditalien nach Flandern) kreuzten.

Mit dem Alten Schloß in Dillingen, das im Zweiten Weltkrieg ausgebrannt ist und später zum Teil rekonstruiert wurde, verbindet sich eine Liebesgeschichte: Ludwig von Nassau-Saarbrücken machte Ende des 18. Jahrhunderts seine Geliebte Katharina Margareta Kest, das «Gänsegretel von Fechingen», zu seiner Ehefrau und zur Herzogin von Dillingen.

Nächste Doppelseite: Die ehemalige Gasgebläsehalle in Völklingen wurde vor dem Abriß bewahrt. Sie dient heute als Ort für kulturelle Veranstaltungen.

Alte und neue Architektur treffen am Kleinen Markt in Saarlouis aufeinander: Die 1982 erbaute, ganz in Weiß gehaltene postmoderne Ladengalerie wurde dem Gebäude einer ehemaligen preußischen Kaserne angegliedert.

Dieser von Loth skizzierte Sinn für das scheinbar Unabänderliche, mit dem es sich zu arrangieren gilt, kann in gegebener Situation überraschende Durchbrüche der Saarmentalität bewirken, wenn das Neue als das Mächtige erlebt wird.

Natürlich hat «mal gucke» auch mit der Vorliebe für die kleine Gemeinschaft zu tun. So hört das saargeschulte Ohr denn besonders auf die Nuance dieser drei eine Sache vorerst zusammenfassende Silben. «Mal gucke» meint erstens «nein» (nein sagen Saarländer selten), zweitens «vielleicht», was ein hinausgeschobenes Nein bedeuten kann, oder ein Ja, das auf den günstigen Zeitpunkt wartet. Und der ist immer an das richtige Gremium, an die «Anwesenden» gebunden.

Ein Quentchen Diplomatie mag in dieser Haltung hin und wieder auch stecken. Doch oft, sehr oft, drückt diese an der Saar häufig getroffene Aussage «mal gucke» schlicht den Willen aus, auf der Stelle zu treten, sich also «vernünftig» zu verhalten. Ein kräftiger Schub Bürokratieerfahrung und Bürokratenpraxis ist da gewiß eingeflossen. Wo sonst wäre denn der Boden für das Kanzlistenwesen günstiger wenn nicht in Monopolstrukturen? Und die bestimmten das Klima an der Saar seit Generationen.

Ein Hierarchieelement ist beim «mal gucke», egal ob in einem größeren Gremium oder in der vertrauten Vereinsrunde, allemal mit von der Partie. Die Absicht, sich ganz oben, also an der jeweiligen Hausmacht zu orientieren, liegt in jedem «mal gucke» auf der Lauer und schnellt hervor, wenn es soweit ist. Öffentlichkeit ergibt sich in solchem Zusammenhang hin und wieder auch, wenn ungewöhnliche Widersprüche Stellungnahmen erfordern. Die Entscheidung der Stadtverbandsversammlung vom 22. Januar 1981, das Saarbrücker Schloß unter Respektierung aller Stilschichten zu renovieren und dem Mittelbau in Talmirenaissance von 1872 den modernen Glas- und Stahlrisaliten von Gottfried Böhm vorzuschalten, stellte Öffentlichkeit durch Widerspruch her. Da wurde kreuz und quer diskutiert.

Die Sehnsucht der «Hartfüßer»

Das Reichsland Elsaß-Lothringen war eine Schöpfung Bismarcks nach dem Sieg über Frankreich von 1871. Die Bewohner hatten es hinzunehmen, was den Lothringern schon deshalb schwerfiel, weil die neue Grenze ihre historische Landschaft Lorraine teilte. Die Saargegend befreite sie aus der Randlage. Kohle und Erz konnte nun ungehindert zueinander gebracht werden.

Das Saarbrücker Rathaus (damals noch das Sankt Johanner) von Georg Joseph Ritter von Hauberrisser, einem Steiermärker, der auch das Münchner Rathaus gestaltete, drückt erwachtes Bürgerbewußtsein aus. Offizieren, die in Ostdeutschland daheim waren, behagte das hektische Treiben im Schwerindustriegebiet nicht immer. In ihrem Roman «Virago» von 1913 schildert Liesbet Dill (1877–1962) so ein innerpreußisches Kontrasterlebnis: «Er sehnte sich nach dem Osten zurück, nach Norddeutschland, wo das Leben in gemäßigteren, ruhigeren Bahnen ging. Hier kam es ihm vor, als wirbelte das Leben die Menschen in einem tollen Sturm durcheinander und risse jeden mit, der sich nicht mit stärkster Willenskraft auf dem Boden festhielt.» Die Ostelbier bemerkten die weiche, warme, rußige Luft. Die kleinen Leute, die hier daheim waren, konnten Vergleiche der Atemluft hier und da nur selten anstellen.

Repräsentierte das Rathaus heimischen Bürgerwillen, so ist der Renaissancebau der Bergwerksdirektion Ausdruck der preußischen Präsenz im Bergbau an der Saar. Seitdem Wilhelm Heinrich im Jahre 1747 die Gruben seines Fürstentums zu Staatseigentum erklärt hatte, beließen es alle ihm folgenden Herren an der Saar dabei. Die Bergbaudirektion, von dem Berliner Martin Philipp Gropius und dem Märker Heino Schmieden nach einem Entwurf Karl Friedrich Schinkels für das Berliner Rathaus gebaut und 1880 eingeweiht, zeigt auf steinernen Schilden die Namen vieler damals bestehenden Kohlengruben des Saarreviers. Alle Bergwerke, die keine Flur- oder Landschaftsnamen oder Namen von Mitgliedern des Herrscherhauses tragen, sind nach Berghauptleuten benannt, von denen

Glasmacher-Häuser in Friedrichsthal. Als um 1870 die Reppertsche Glashütte den Bewohnern des Orts Arbeit und Brot gab, wurden die Reihenhäuser für die Arbeiter errichtet. Sie mußten in unmittelbarer Nähe der Hütte stehen, denn wenn die Glasmasse verflüssigt war, blieb keine Zeit für lange Wege: Wenn der Ruf «bräsig» über die Straße erschallte, mußte man zur Stelle sein (Foto um 1900).

keiner aus dem Saarland war. Heinrich von Achenbach ist zwar in Saarbrücken geboren, am 23. November 1823, stammte jedoch aus einer preußischen Beamtenfamilie. Die meisten dieser Preußen kamen vom Rhein. Die Ausnahmen sind wohl nur der Sachse Friedrich Anton Freiherr von Heinitz und der Brandenburger Heinrich Graf Itzenplitz.

Die Grubennamen spiegeln wider, in welchem Maße das rheinische Großbürgertum die treibende und prägende Kraft in Preußens wirtschaftlicher Entwicklung nach 1816 war. Berlin war auf sie angewiesen. Itzenplitz gab als Handelsminister 1868 den Anstoß zur Vertiefung des Zeichenunterrichts im Land, damit sich exportfähiges Design entfalten könne. Alle Schritte, die hierzulande zur Designerausbildung führten, haben somit Itzenplitz als (freilich völlig unbekannten) Vordenker.

In den achtziger Jahren des 19. Jahrhunderts, als Hauberrisser und Gropius Saarbrückens Stadtbild mit den beiden Neorenaissancebauten bereicherten, wurde das lothringische Erz Minette dank des Thomasverfahrens (einer Methode, mit der Roheisen entphosphort wird) verhüttungsfähig. Das war die Basis für einen stolzen und stürmischen Auftrieb. Unternehmer beider Seiten suchten jetzt den Verbund von Kohle und Erz. Die Arbeitskräfte kamen nicht von weit her, wie in anderen Montangebieten, sie kamen vielmehr aus der Nähe, vor allem aus dem Hochwald. Sie wohnten in der Kolonie an der Grube, in Arbeiterkasernen; den Heimweg an arbeitsfreien Tagen legten sie zu Fuß zurück, meistens sogar barfuß: Daher haben sie den Namen «Hartfüßer». «Sie waren alle erst einmal heimatlos, entwurzelt, fremd», berichtet Alfred Petto in seinem Bergmannsbauernroman «Und die Erde gibt das Brot» von 1951. Sobald sie ein eigenes Grundstück erarbeitet hatten, plackten sie sich als Nebenerwerbslandwirte vor oder nach der Vierzehnstundenschicht: ein hartes Leben, um den Traum von einem guten Leben zu erfüllen. Die Feste dieser Bergmannsbauern entfalteten barocken Überschwang. Die Botschaft von der «Saarländischen Freude» des Schriftstellers Ludwig Harig wurzelt in dieser dem Darben abgetrotzten Fülle.

Aufgrund der Arbeitsplätze, die die Gruben boten, vervierfachte sich die Einwohnerzahl von Sulzbach Mitte des 19. Jahrhunderts. Besonders die Grube Altenwald bei Sulzbach-Schnappach, einer der wichtigsten Kohlelieferanten für die Glashütten, zog Bergarbeiter aus der Umgebung an. Für sie wurde in Schnappach eine Kolonie errichtet (1873–1903). Im Bild typische Bergmannshäuser (Foto um 1900).

«Heim ins Reich» mit dickem Ende

Leben mit der Grenze: Von der Politik verordnete Grenzverschiebungen bedeuteten immer einen Milieuwechsel ohne Umzug. Man landete, gewollt oder nicht gewollt, in einem anderen Land. Spitzenleistungen an Flexibilität wurden dabei den Konsumgüterindustrien abverlangt, darunter dem Familienunternehmen «Villeroy & Boch», das den Norden des Landes als «Keramikprovinz» prägte und das schon von seinen Produkten her von Anfang an sensibel für Design und weltoffen war. Wenn die Saar über Nacht in einem anderen Zollgebiet lag, waren rasche unternehmerische Lösungen gefragt, auch von kleinen Betrieben. Begreiflich der Hang, sich in der neuen Normalität einzurichten, sobald die Umstellung geleistet war. Nach der «Heimkehr ins Reich» am 1. März 1935, für die sich 90,4 Prozent der Wähler am 13. Januar entschieden hatten, mußte man sich rasch an Ausnahmezustände gewöhnen: Das Land gehörte zum Verteidigungsbereich «Rote Zone», es wimmelte von Verboten und Kontrollen. Das «Gautheater Saarpfalz», ein üppiges «Geschenk des Führers», spielte nur ein Jahr lang, dann war Krieg mit zwei Evakuierungen. Die meisten Hitlergegner, Anhänger der Völkerbundslösung «Status quo», hatten von der Möglichkeit, nach Frankreich überzusiedeln, Gebrauch gemacht. Viele wurden im besetzten Frankreich dann doch Opfer der Nazis, anderen gelang es, sich dem Widerstand anzuschließen. Im August 1941 wurde endlich die Grenze nach Lothringen geöffnet, das nun dem Reich einverleibt war. «Die Saarländer strömen, um Mirabellen zu hamstern», hieß es in einem Polizeibericht: Privater Pflaumenverbrauch als Gegenstand des Staatsinteresses – das, was man sich von der «Mutter Deutschland» erwartet hatte, war das jedenfalls nicht. Als im Sommer 1945 die US-Sieger abzogen und die Franzosen kamen, hatte man nicht nur eine Besatzungsmacht, sondern auch ein Angebot. Waren nun andere Chancen in Sicht? Der Schüler Le Corbusiers, Georges Henri Pingusson, wollte Saarbrücken in westlicher Rationalität aufbauen: Er entwarf das «schmale Hand-

kleinen Leute. Es gab keine Universität und es gab kein Chorherrenstift mehr. Um so eindrucksvoller war die vitale Querköpfigkeit, die diese kleinen Leute im Kulturkampf an den Tag legten, zum Verdruß des protestantischen Landesherrn in Berlin und manchmal auch zum Unmut des Bischofs. Am 3. Juli 1876 sahen drei achtjährige Mädchen in der Nähe des Bergmannsdorfs Marpingen die Gottesmutter im Wald. Sofort setzten Spontanwallfahrten ein. Gendarme und Militär, die sie auseinandertreiben sollten, entfachten die Leidenschaften noch mehr. Dieser fromme Eigensinn, der dem Wunder vor der Haustür mehr traut als der Bezirksregierung in Trier, kann als ein Urelement der Saarmentalität gelten.

Im Jahre 1948, als Le-Corbusier-Schüler Pingusson die Landeshauptstadt mit kühlen Rasterbauten füllen wollte, schrieb der katholische Heimatdichter und Priester Johannes Kirschweng (1900–1951): «Es war ein gutes und frommes Land. Seine Frömmigkeit war wie sein Brot, nicht zu dunkel und nicht zu hell, nicht sehr gewürzt und in alten überkommenen Formen gebacken.» Es waren Industriearbeiter, Berg- und Hüttenleute, Bergmannsbauern, die Heiligtümer schufen und am Leben hielten.

Die Prämonstratenser, die von Wadgassen aus 657 Jahre lang wirkten – man nannte sie nach ihrem Gründer Norbert von Xanten auch Norbertiner – waren ein Seelsorgerorden, der jedoch aus der Wanderpredigerbewegung des Mittelalters hervorgegangen war, einem schwärmerischen Aufbruch von unten mit sozialutopischen Zügen. Wo Chorherren Pfarrer waren an der Saar, hatte die Reformation es schwerer, Fuß zu fassen. Der Straßburger Reformator Martin Butzer, am 1. November 1491 im elsäßischen Schlettstadt geboren und als Professor in Cambridge am 28. Februar 1551 gestorben, beeinflußte das nassau-saarbrückische Gebiet noch 21 Jahre nach seinem Tode: Dort wurde nämlich im Jahre 1572 seine nassauische Kirchenordnung eingeführt. Butzer darf auch deshalb in saarländischem Zusammenhang genannt werden, weil er bemüht war, Konfessionsspaltungen zu überwinden. Ein Reformator aus der Saarnachbarschaft war der Calvin-Freund Kaspar Olevian, der in seiner Vaterstadt Trier nur kurz wirkte, dafür aber vom hessischen Herborn aus Impulse gab, die bis in die US-Verfassung reichen.

Daß es Hugenotten an der Saar gibt, liegt nahe. Und man kann es an der Kirche in Ludweiler sehen: «*Resistez*» steht über der Tür. Die calvinsche Wurzel könnte ruhig ein bißchen kräftiger sein an der Saar, weil Wille und Fähigkeit, den Widerspruch zu kultivieren, im fundamentalen Pragmatismus dieses Landstrichs meistens zu kurz kommen, aber nötig sind – gerade jetzt, in einer sich vernetzenden Welt. «Wahrhaftiger Blick tut den Saarländern bestimmt not», bemerkt Hans Jörg Schu, Kulturdezernent in Saarlouis: «Die Bilder, die sie von sich geben, sind nicht wahr und deshalb auch nicht zukunftsträchtig.» So ist es! Und dieses Statement kommt von einem Katholiken. Kennzeichnet es nicht unsere Zeit am Ende des zweiten Jahrtausends, daß katholische Länder wie Spanien etwas wie wirtschaftsprotestantisches Denken entwickeln?! Die Spanier sind in diesem Punkt weiter als die Saareliten.

Schätze der «*Bricolage*»

«Oh ja, hier waren viele von Euch! Awwer die hann geschwätzt wie mir», sagt der Hüttenchemiker in dem schon erwähnten dreißigminütigen Film «Anna in Stahl und Eisen». Er ist ein Pensionär, den es immer wieder ins alte Labor zieht, wo er sinnlos Ordnung macht und zornig philosophiert. Er kennt den Großvater der zehnjährigen Anna aus Lothringen, der Opfer eines Arbeitsunfalls geworden war. «Awwer wäschd du, die, die dogeblieb sinn, die lewe aach noch. In all dem do!» Ingrid Hessedenz leistet sich mit der Figur dieses Hüttenoriginals, von Hermann Wedekind überzeugend gespielt, einen Schritt in den verklärenden Mythos: Die Toten leben in Hochöfenanlagen weiter, die ihrerseits allenfalls als Industriedenkmäler weiterexistieren. Aber das Ende des Stahlzeitalters will verarbeitet sein, und das schaffen Gutachtergremien und Landtagsreden allein bestimmt nicht. Da ist, bei aller Sachlichkeit, auch «Seele» gefordert.

Arbeit und Kirche, das waren die zentralen Bereiche im Leben der einfachen Berg- und Stahlarbeiterfamilien. Die Werke saarländischer Maler spiegeln dies wider. Oben: Prozession in Sankt Ingbert. Gemälde von Albert Weisgerber (1907, Moderne Galerie Saarbrücken). Links unten: Ölgemälde von Fritz Zolnhofer (1926, Moderne Galerie Saarbrücken). Rechts unten: Neunkirchner Hüttenwerk mit Grube König, gemalt von Franz Schnei (1949, Privatbesitz).

Oben: Mit modernen Geräten wird in den Kalksteingruben, die es heute noch in Auersmacher und Gersheim gibt, das Gestein gewonnen. – Unten: Automatische Förderbänder ersetzen die Loren, in denen die Schätze des Berges früher ans Tageslicht gebracht wurden. – Mitte oben: Blick auf Völklingen mit der «Skyline» der stillgelegten, unter Denkmalschutz stehenden Hochofenanlage (rechts) und dem modernen Blasstahlwerk von 1980, wo in einem speziellen Verfahren Stahl erzeugt wird (links). – Mitte unten: Glasbläser bei der Arbeit. Lithographie von 1904 aus der Serie «Technologischer Wandtafeln» von Bruno Heroux (1868–1944).

Oben: Der Emilianus-Stollen im Wallerfanger Ortsteil Sankt Barbara. Das Kupferbergwerk aus dem 3. Jahrhundert erlebte im Spätmittelalter noch einmal einen großen Aufschwung, als das berühmte «Wallerfanger Blau» für Keramikwaren hier gewonnen wurde. – Mitte: Im Bergbaumuseum in Bexbach. Hier sind die Ausrüstungen der Bergmänner aus mehreren Epochen zu bewundern. – Unten: Ein Glasbläser führt in der Demonstrationsmanufaktur in Wadgassen die Kunst der Glasherstellung vor. Die Manufaktur ist als einziger Teil der «Villeroy & Boch-Cristallerie», die 1843 in die Gebäude der Wadgasser Abtei einzog, erhalten.

Links: Im Park der Abtei von Mettlach steht die moderne Plastik «Homo Ceramicus Mettlachiensis» des Belgiers Joris van der Mijnsbrugge.

Rechts: Ein besonderes Prunkstück der Keramiksammlung in Schloß Ziegelberg in Mettlach ist diese mit feiner Fayencemalerei verzierte Vase.

Ingrid Hessedenz läßt ihre Leute bei diesem Stück Erinnerungsarbeit «schwätze». Mundart ist unerläßlich dabei. Wenigstens ein paar Mundartgedichte haben den Saarweg aus der Stahlzeit heraus begleitet. Leider fehlt die kritische Begleitung dieser Mundartdichtung weitgehend, die sie verdient hätte, weil sie gut ist, und die sie nötig hat, weil es jetzt darauf ankommt, die Dinglichkeit zu verabschieden, in der Saarländisches sich immer noch daheim fühlt, die aber Zugänge zur Welt versperrt, trotz Datennetzen und Kommunikationstechnik.

Die Mundartdichter Alfred Gulden und Jean-Louis Kieffer, aus dem lothringischen Filstroff, drei Kilometer von der Saargrenze entfernt, haben den Schritt in moderne lyrische Abstraktion getan. Ist das nicht reichlich künstlich, eine abstrakte Mundartdichtung, die auf unsere oft so abstrakte und kontrastreiche Gegenwart antwortet? Es ist nicht künstlicher als der Alte Turm in Mettlach, die archäologische Erschließung keltisch-römischer Vergangenheit über Staatsgrenzen hinweg, als eine Bevölkerungszahl von 430 Menschen pro Quadratkilometer, als ein Informatikertreffen im Rokokoschloß Dagstuhl, der *Homo ceramicus* in Mettlach, Kristallglas im Lothringer Tiefenschliff, als der Palmbaumstollen, die «*Perspectives du Théâtre*» oder die barock durchkomponierte Romanik von Sankt Peter in Merzig. Auch die Jugendstilhalle für die Hüttenwärmewirtschaft in Völklingen kann künstlich genannt werden. Oder die Zigeunerwallfahrt in Illingen.

Im Hüttenbetrieb entdeckte das Gutachterteam der Architekten Thomas Sieverts, Volker von Haas und Achim Laleik 1990 «eine eigentümliche Überlagerung von rationaler Reißbrettplanung akademischer Ingenieure und gebastelten Anpassungen», die den Plan praxisfähig machten; schließlich ändert sich die Praxis ständig. Und da war immer die Improvisation, die kleine Erfindung vor Ort, die niemand dokumentierte, gefragt. «*Bricolage*» heißt «basteln», keineswegs aber geringschätzig, vielmehr in Anerkennung eines stillen Kreativitätspotentials.

In der Abtei von Mettlach wurde nach der Französischen Revolution unter Jean François Boch die Tradition der Keramikproduktion fortgesetzt: «Villeroy & Boch», nach der Fusion 1836 mit den Wallerfanger und Wadgasser Betrieben der Familie Villeroy so benannt, steht für Keramik erster Güte. In der «Keravision» in der Alten Abtei, wird die Geschichte der Mettlacher Keramik mit einer originellen Multivisionsshow gezeigt.

Bindestrich-Vision

Der *weiße Hase* ist keltischer Herkunft, ein in vielen Saarorten bekanntes Sagentier. In Wadgassen hat ihn der Dichter Johannes Kirschweng sogar auf der Insel im Abteiteich lokalisiert. Er mußte es wissen, liegt das Häuschen seiner Kindheits- und seiner Schaffensjahre doch gleich gegenüber dem Abteigelände. Dreibeinig soll das Tier sein und, wie es sich für einen Saarkelten gehört, sehr hellsichtig, aber eher sparsam in seinen Mitteilungen. Es scheinen Zeiten des Übergangs und der Neuorientierung zu sein, in denen der Hase sich sehen läßt, wenn Neues den Durchbruch sucht. Ob die Menschen es merken?

Visionen heute? Es sind ein paar in diesen Text eingegangen. Wunschdenken taugt freilich nicht für zukunftsfähige Visionen. Ort einer Vision ist der Punkt, an dem sich Wahrheit, Widerspruch und Phantasie konstruktiv treffen.

«Für das Autoland Saarland – so ein regierungstreuer Slogan – habe ich kaum Verständnis. Die Aussicht, die bleibt: daß sich die Saar-Region, als die sie mein Geschichtslehrer Fritz Kloevekorn gern bezeichnete, sich einst als Fragment mit den benachbarten Teilen jenseits der Landes- und Ländergrenzen zu einer neuen Bindestrich-Region zusammenfügt, die leibt und lebt», notiert der Autor Klaus Bernarding.

Gibt es etwas Elementareres als den *Bindestrich*? Elementar wie ein Stück Horizont auf der Lothringer Hochebene. Die Region, deren konfliktträchtige Gemeinsamkeit Kohle und Stahl waren, mag sich, wenn die Vision Schubkraft entwickelt, zum Kristallisationspunkt wandeln, in dem sich die Grenzgebiete zu einer neuen Konstellation zusammenfinden.

Der Hochgeschwindigkeitszug TGV als Gegenstand von Saar-Sorgen und Saar-Visionen: Dieser Zug, heißt es aus dem Warndt-Dorf Differten, «möge hier zwischen Moguntiacum, Augusta Treverorum und Mediomatricorum doch noch zum Halten zu bringen» sein, damit auch die von der Saar Platz nehmen können. Zwischen Mainz, Trier und Metz also! Der Schreiber der Zeilen, Hartmuth Kastner, ist «überzeugt, daß wir als kleine, aber pfiffige Ostgallier für Leben im TGV sorgen und mit unseren Tauschwaren (von Lyoner bis Freude) Farbe in die Reise nach und durch Europa bringen werden». Visionen lassen immer alles offen. Sonst wären sie keine. Ihre Sache ist, Erwartungspotential zu wecken. Daß das große Europa mehr als Markt zusammenwächst – aber bitte schön nicht als irgendein Großmachtgoliath, sondern als ein munterer, ziviler Verbund, in dem die historischen Landschaften zu sich selbst kommen –, wäre das keine Vision von Lebensfähigkeit und Noblesse? Jetzt hat das bisher Verborgene Zukunft auf offenen Märkten. Packen die Saarländer sie? Sie haben eine günstige Mittelposition inne, davon abgesehen, daß die Datentechnik von heute und morgen es möglich macht, nahezu überall eine Mitte zu installieren. Man darf allerdings nicht in vermeintlichem Realismus – «es ist nun mal so» – strategische Chancen verschenken!

Zu den erfreulichen Dingen hierzulande gehören die Bildungsstätten. Diese Freude hat freilich einen bitteren Beigeschmack, denn immer wieder ziehen gut ausgebildete junge Leute fort, gar nicht selten in die Rheingegend oder in den Südwesten, wo sie daheim Gelerntes nutzen. An sich wäre daran nichts auszusetzen in einer offenen Gesellschaft. Aber diese Abwanderungsbilanz qualifizierter junger Leute wirkt sich negativ auf das Land aus. Der Gegenstrom bleibt aus, der einen sinnvollen Austausch brächte. Vielleicht hat das auch mit dem verhältnismäßig dünn besiedelten Pfälzer Gebiet zu tun, das die Saar von der Rheinschiene trennt. Der Rhein, von der Mündung bis zur Schweiz, das ist die «blaue Banane», die bis Norditalien reicht, ein Halbbogen auf der Europakarte, der blau oder doch dunkel wirkt, weil er dicht besiedelt und wirtschaftsaktiv ist, der Hauptnervenstrang des großen Markts Europa. Gehört unsere Region zur «blauen Banane»? Ja, sie darf sich nur nicht als ihr Schatten definieren lassen. Und dies ist nicht eine Frage der Selbstdarstellung in der Werbung, sondern des Selbstverständnisses.

Die Bayern sind ein alter Stamm, älter als Deutschland. Ein Bayer kann so rasch nicht verlorengehen, auch wenn er anderswo wohnt; dafür sorgt schon seine Sprache. Das Saarland ist jung, ohne Hinterland, aber exemplarisch in seinem Schwerindustrieschicksal. Immer wieder sah es sich zu neuen Antworten herausgefordert. Beispielhaft ist auch jetzt die Freiheit, Neues anzupacken, dabei aber mit Altlasten befrachtet zu sein. Haushaltsdefizite drücken, auch wenn sie nicht selbst verschuldet sind. Natürlich kann man die Umstellungskosten nicht den Montanregionen allein aufhalsen. Ganz Deutschland wollte diesen Stahl. Alle hielten diese Spezialisierung für gottgegeben. Aber eben dieses Angewiesensein auf Bonner und Brüsseler Kassen nimmt Handlungsfreiheit und Souveränität. Das müßte nicht so sein.

Defizite durch Altlasten können auch eine Art Pionierstimmung entfachen. Es gibt sie an der Saar, diese Pionierstimmung, aber nur auf «Inseln», in Forschungsteams und Dienstleistungsbetrieben, in Unternehmen, deren Produktion mehr draußen als im Land Bedeutung hat, mehr in der Welt, als im «Reich».

Was Designer im Land tun und lernen – in der Hochschule für bildende Künste –, zeigt, was das Land sein kann und zu werden sich anschickt. Warum sollte nicht der Kleinere der Fixere und Gründlichere sein? Leistungen im Grafikdesign kommt hierzulande ein besonderes Gewicht zu, als Arbeit an einer «Weltsprache», die Gegensätzliches verknüpft und Komplexes zu erhalten vermag.

Erfreuliche Überraschungen im Lande kommen, wie es in lebendigen Zusammenhängen sein muß, aus gänzlich unerwarteten Ecken: Zum Beispiel die Entdeckung der *Unternehmenskultur*. Da hat die betriebswirtschaftliche Fakultät an der Saaruniversität ein Stück Soziologie entwickelt, in dem sich theoretische Fundierung und Praxisorientierung unangestrengt finden.

Saarkristallisationen, das Finden von Gleichgewichten, die niemals mechanisch fixierbar sind. Liesbet Dill, die Romanautorin aus Dudweiler, notierte in «Lothringische Grenzbilder», wie wichtig es ist, «die Waage zu halten diesseits und jenseits der Grenzpfähle». Und auf diese Balance kommt es im Augenblick am meisten an.

Die Saar in der Nähe der Burgruine Montclair. Wer hier den Fluß entlangwandert, kommt unweigerlich ins Schwärmen über die landschaftlichen Reize dieser Gegend.

Bei Wehingen in der Nähe von Perl. Weite Felder und dunkle Wälder bestimmen das Bild dieser Landschaft im Dreiländereck.

Wie hier bei Zollstock trifft man häufig auf sanfte Hügellandschaften mit vielen Obstbäumen.

Die «einzige weinbautreibende Gemeinde» des Saarlands zu sein, rühmt sich das im Moselgebiet gelegene Perl. Der «Elbling», der hier angebaut wird, ist die älteste deutsche Rebe und ergibt einen guten Mosel-Tropfen. Außerdem gedeihen auf den Muschelkalkhängen die aus Frankreich importierten Sorten «Ruländer» und «Auxerrois».

Nächste Doppelseite: «Des Landes schönste Stelle» wird die Saarschleife gern genannt. Am beeindruckendsten ist sie von der «Cloef», einer zweihundert Meter hoch über ihr aufragenden Klippe.

Schloß Ziegelberg in Mettlach. Eine besondere Attraktion ist die Keramiksammlung aus fünf Jahrhunderten, darunter die Napoleonteller aus Septfontaines, Dresdner Fliesen um 1900 und Jugendstilfayencen. Auch Arbeiten aus der Keramikmanufaktur in der Alten Abtei Mettlach sind hier zu sehen.

Wie ein Märchenschloß liegt die Burgruine Montclair aus dem 15. Jahrhundert an den Hängen der Saarschleife. Im 14. Jahrhundert war die ursprünglich zum Schutz der vorbeifahrenden Schiffe erbaute Vorgängerburg Gegenstand von Streitigkeiten zwischen Erzbischof Balduin von Trier und dem aufrührerischen Jakob von Montclair – der Kampf endete zugunsten des Erzbischofs.

Der Alte Turm der ehemaligen Benediktinerabtei in Mettlach kann auf eine lange Geschichte zurückblicken: Im Jahr 994 erbaut, wurde er in der Gotik um Maßwerkfenster und Strebepfeiler erweitert. Die endgültige Form, die ihn zum Wahrzeichen des Saarlands machte, erhielt der Turm erst durch die Restaurierung in den Jahren 1849 bis 1852.

Die um 1200 erbaute Prioratskirche Sankt Peter in Merzig galt über Jahrhunderte als original erhalten. Doch neuere Forschungen ergaben, daß ein anonymer Baumeister die Kirche im 18. Jahrhundert nach großer Zerstörung so perfekt rekonstruierte, daß niemand an ihrer ursprünglichen Entstehungszeit zweifelte.

Kohle unter unseren Füßen

Literarische Streifzüge durch das Saarland

Goethe im Saarland

Als wir nun uns nordwestwärts in das Gebirg wendeten und bei Lützelstein, einem alten Bergschloß in einer sehr hügelvollen Gegend, vorbeizogen, und in die Region der Saar und Mosel hinabstiegen, fing der Himmel an sich zu trüben, als wollte er uns den Zustand des rauheren Westreiches noch fühlbarer machen. Das Tal der Saar, wo wir zuerst Bockenheim, einen kleinen Ort, antrafen, und gegenüber Neusaarwerden, gut gebaut, mit einem Lustschloß, erblickten, ist zu beiden Seiten von Bergen begleitet, die traurig heißen könnten, wenn nicht an ihrem Fuß eine unendliche Folge von Wiesen und Matten, die Hohnau genannt, sich bis Saaralben und weiter hin unübersehlich erstreckte. Große Gebäude eines ehmaligen Gestütes der Herzoge von Lothringen ziehen hier den Blick an; sie dienen gegenwärtig, zu solchen Zwecken freilich sehr wohl gelegen, als Meierei. Wir gelangten über Saargemünd nach Saarbrück, und diese kleine Residenz war ein lichter Punkt in einem so felsig waldigen Lande. Die Stadt, klein und hüglig, aber durch den letzten Fürsten wohl ausgeziert, macht sogleich einen angenehmen Eindruck, weil die Häuser alle grauweiß angestrichen sind und die verschiedene Höhe derselben einen mannigfaltigen Anblick gewährt. [...]

Hier wurde ich nun eigentlich in das Interesse der Berggegenden eingeweiht, und die Lust zu ökonomischen und technischen Betrachtungen, welche mich einen großen Teil meines Lebens beschäftigt haben, zuerst erregt. Wir hörten von den reichen Dudweiler Steinkohlengruben, von Eisen- und Alaunwerken, ja sogar von einem brennenden Berge, und rüsteten uns, diese Wunder in der Nähe zu beschauen.

Nun zogen wir durch waldige Gebirge, die demjenigen, der aus einem herrlichen fruchtbaren Lande kommt, wüst und traurig erscheinen müssen, und die nur durch den innern Gehalt ihres Schoßes uns anziehen können. [...]

Unser Weg ging nunmehr an den Rinnen hinauf, in welchen das Alaunwasser heruntergeleitet wird, und an dem vornehmsten Stollen vorbei, den sie die Landgrube nennen, woraus die berühmten Dudweiler Steinkohlen gezogen werden. Sie haben, wenn sie trokken sind, die blaue Farbe eines dunkel angelaufenen Stahls, und die schönste Irisfolge spielt bei jeder Bewegung über die Oberfläche hin. Die finsteren Stollenschlünde zogen uns jedoch um so weniger an, als der Gehalt derselben reichlich um uns her ausgeschüttet lag. Nun gelangten wir zu offenen Gruben, in welchen die gerösteten Alaunschiefer ausgelaugt werden, und bald darauf überraschte uns, obgleich vorbereitet, ein seltsames Begegnis. Wir traten in eine Klamme und fanden uns in der Region des brennenden Berges. Ein starker Schwefelgeruch umzog uns; die eine Seite der Hohle war nahezu glühend, mit rötlichem, weißgebrannten Stein bedeckt: ein dicker Dampf stieg aus den Klunsen hervor, und man fühlte die Hitze des Bodens auch durch die starken Sohlen. Ein so zufälliges Ereignis, denn man weiß nicht, wie diese Strecke sich entzündete, gewährt der Alaunfabrikation den großen Vorteil, daß die Schiefer, woraus die Oberfläche des Berges besteht, vollkommen geröstet daliegen und nur kurz und gut ausgelaugt werden dürfen. Die ganze Klamme war entstanden, daß man nach und nach die kalzinierten Schiefer abgeräumt und verbraucht hatte. [...] Ein anmutiger Buchenwald umgab den Platz, der auf die Hohle folgte und sich ihr zu beiden Seiten verbreitete. Mehrere Bäume standen schon verdorrt, andere welkten in der Nähe von andern, die, noch ganz frisch, jene Glut nicht ahndeten, welche sich auch ihren Wurzeln bedrohend näherte.

Auf dem Platze dampften verschiedene Öffnungen, andere hatten schon ausgeraucht, und so glomm dieses Feuer bereits zehn Jahre durch alte verbrochene Stollen und Schächte, mit welchen der Berg unterminiert ist. Es mag sich auch auf Klüften durch frische Kohlenlager durchziehn: denn einige hundert Schritte weiter in den Wald gedachte man bedeutende Merkmale von ergiebigen Steinkohlen zu verfolgen; man war aber nicht weit gelangt, als ein starker Dampf den Arbeitern entgegendrang und sie vertrieb. Die Öffnung ward wieder zugeworfen; allein wir fanden die Stelle noch rauchend, als wir daran vorbei den Weg zur Residenz unseres einsiedlerischen Chemikers verfolgten. Sie liegt zwischen Bergen und Wäldern; die Täler nehmen daselbst sehr mannigfaltige und angenehme Krümmungen, rings umher ist der Boden schwarz und kohlenartig, die Lager gehen häufig zu Tage aus. Ein Kohlenphilosoph – Philosophus per ignem, wie man sonst sagte – hätte sich wohl nicht schicklicher ansiedeln können. [...]

Nachdem wir unsern Adepten seiner Einsamkeit überlassen, eilten wir – denn es war schon spät geworden – der Friedrichsthaler Glashütte zu, wo wir eine der wichtigsten und wunderbarsten Werktätigkeiten des menschlichen Kunstgeschickes im Vorübergehen kennen lernten.

Doch fast mehr als diese bedeutenden Erfahrungen interessierten uns junge Bursche einige lustige Abenteuer, und bei einbrechender Finsternis, ohnweit Neukirch, ein überraschendes Feuerwerk. Denn wie vor einigen Nächten, an den Ufern der Saar, leuchtende Wolken Johanniswürmer zwischen Fels und Busch um uns schwebten, so spielten uns nun die funkenwerfenden Essen ihr lustiges Feuerwerk entgegen. Wir betraten bei tiefer Nacht die im Talgrunde liegenden Schmelzhütten, und vergnügten uns an dem seltsamen Halbdunkel dieser Bretterhöhlen, die nur durch des glühenden Ofens geringe Öffnung kümmerlich erleuchtet werden. Das Geräusch des Wassers und der von ihm getriebenen Blasbälge, das fürchterliche Sausen und Pfeifen des Windstroms, der, in das geschmolzene Erz wütend, die Ohren betäubt und die Sinne verwirrt, trieb uns endlich hinweg, um in Neukirch einzukehren, das an dem Berg hinaufgebaut ist.

Johann Wolfgang von Goethe, 1770

Ein teutscher Fürst in Saarbrück

Saarbrück, den 5. May 1792.
Sie sind nie in diesen Gegenden gewesen, mein Lieber! und so erlauben Sie mir denn, Ihnen eine kleine Schilderung von der Stadt zu entwerfen, in der ich seit vorgestern mich umhertreibe.

Saarbrück, diesseit der Saar, und St. Johann, jenseit des Flußes, sind durch eine neue, schöne Brücke verbunden und machen Eine Stadt von ziemlichem Umfange aus. Die Häuser, besonders in dem diesseitigen Theile, sind durchaus massiv, manche darunter in gutem, reinem Geschmacke gebauet und die Gassen, deren einige breit sind und gerade laufen, haben ein freundliches Ansehen. Unter den Einwohnern scheint ein Wohlstand zu herrschen; auch trifft man hier Kaufmannshäuser an, deren Handel nicht unbedeutend ist, da ausser der großen Straße aus Frankreich nach Teutschland die schiffbare Saar ihnen Gelegenheit giebt, ihre Waaren zu Wasser in die Mosel und von da auf dem Rheine nach Holland zu versenden; Steinkohlen und Eisen sind, wie bekannt, wichtige Landesprodukte. Die Einwohner von St. Johann stehen, in Ansehung der Höflichkeit, ein wenig mit den Sachsenhäusern in Frankfurt am Mayn in gleichem Rufe, in Saarbrück selbst hingegen habe ich die Leute immer sehr gesittet und gegen Fremde zuvorkommend und gastfrey gefunden. Was mich noch freuet, ist, daß, ungeachtet der Nachbarschaft von Frankreich, sich hier unter den Bürgern aller Classen so viel teutsche Gradheit und Biederherzigkeit erhalten haben. Hierinn geht ihnen der regierende Fürst mit gutem Beyspiele vor, der, obgleich er selbst so lange in französischen Diensten gewesen ist – (sein Haus besaß vor der Revolution ein eignes, sehr schönes, ausgezeichnetes Infanterie-Regiment in denselben, und ein anders von schwerer Cavallerie wurde für ihn errichtet) dennoch der Gallomanie und Nachahmungssucht, wovon die Rheingegenden so sehr

Ein beliebtes Motiv für Künstler der Romantik war die Saarschleife (Lithographie von 1858).

angesteckt sind, äusserst feind ist. An seinem Hofe wird fast immer teutsch geredet; Er hat ein Liebhaber-Theater errichtet, auf welchem er selbst, wenn er gesund ist, (seit einiger Zeit ist er unpäßlich) die gute Fürstinn, der Hof und zuweilen Fremde, die sich hier aufhalten, vaterländische Stücke aufführen. Ausser dem kleinen Schauspielsaale, der im Schlosse ist, hat der Fürst noch ein sehr geschmackvolles großes Comödienhaus in der Stadt zu diesem Gebrauche erbauen lassen. Ich habe mehrmals von Metz aus diesen Vorstellungen beygewohnt und manche Schauspiele in großer Vollkommenheit aufführen gesehn.

Das hiesige Schloß gehört mit zu den schönsten Fürsten-Wohnungen in Teutschland. Es besteht aus einem Corps de logis mit zwey Flügeln und einigen Nebengebäuden, liegt, nach der Stadt zu, an einem freyen Platze, wo es sehr gut in die Augen fällt und hat an zwey andern Seiten, über einen geschmackvoll eingerichteten Schloßgarten hinaus, eine herrliche Aussicht in die umliegende schöne Gegend. Neben dem Schlosse ist noch ein sogenannter Wintergarten angelegt, den ich Ihnen genauer beschreiben muß. Ueber einem niedlichen Bosquette ist ein großes Haus gebauet, oder vielmehr in einem weitläufigen Gebäude sind Pflanzungen angelegt. Die Säulen, worauf dieser ungeheure Saal ruht, sind mit Baumrinde bekleidet, und scheinen also Bäume zu seyn; die Decke, wo sie hie und da durch das Gebüsch hindurch sichtbar wird, ist wie der Lufthimmel gemalt; Fenster und Oefen sind durch Hecken und Bäume maskirt, so, daß man mitten im Winter die Täuschung hat, an einem schönen Sommertage in einem kleinen englischen Garten spatzieren zu gehn. Da findet man dann vielerley Arten ausländischer und einheimischer Stauden, Gewächse, Blumen, Früchte; Vögel fliegen in den Gebüschen herum und beleben mit ihrem Gesange die Scene; in einer kleinen Grotte sprudelt frisches Wasser und das Ganze ist in der That überraschend, wenn rund umher die Erde mit Schnee bedeckt ist, die entblätterten Bäume traurig da stehen, und man dann in dies Gebäude tritt, und auf einmal zurück in den Julius-Monat bezaubert wird. [...]

Links oben: Der Herkulesbrunnen in Blieskastel. Der 1691 errichtete Brunnen wurde seit seiner Entstehung fünfmal verändert. Die Straße, in der er steht, wurde nach dem 1901 in Blieskastel geborenen Kardinal Joseph Wendel benannt (Foto um 1930).

Mitte: Die Kaiserstraße in Sankt Ingbert um die Jahrhundertwende.

Der vorige Fürst baute viel, brachte Handel, Fabriken und Manufacturen in Aufnahme; allein dies geschahe mit einem so großen Kosten-Aufwande, daß, als sein Herr Sohn, der jetzige Fürst, zur Regierung kam, eine kaiserliche Commission unvermeidlich schien. Es fand Dieser aber Mittel, eine solche Landplage zu entfernen; Er setzte eine gewisse jährliche Summe zur Tilgung der Schulden fest, welche von der Zeit an nicht nur pünctlich abgetragen, sondern noch überschritten wurde, und jetzt bleibt, wenn alles etatmäßig bezahlt ist, immer noch eine Jahres-Einnahme im Voraus in den Cassen liegen, obgleich die Anzahl der Dienerschaft und der übrige Aufwand sich von Jahr zu Jahr eher vermehrt, wie vermindert haben. Einige geschickte Männer, welche die Geschäfte führen, sind gut besoldet, und am Hofe nehmen Fremde, die einiges Vermögen haben, bey freyer Tafel, Wohnung, Fourage für Pferde und andern Vortheilen, mit nicht starker Gage gern einen Titel an, vermehren durch einen anständigen Aufwand den Glanz, um ein Leben zu führen, wie sie sich's in keiner andern Lage angenehmer wünschen könnten. Die herrschaftliche Tafel ist vortrefflich; es fehlt am Hofe keine Art von Vergnügung, nach den verschiedenen Jahreszeiten, als: Jagd aller Gattung, Fischfang, Schauspiele, Concerte, Tanz, Spiel, Masceraden, Schlittenfahrten, Land-Partien, nützliche Unterhaltung und Lectüre.

Adolf von Knigge, 1792

Tagebuchnotizen eines Saarreisenden

19. September
Saarbrücken gesehen. Ein hübscher Rokokobrunnen auf dem Marktplatz. Die vier oder fünf Zwiebeltürme der Stadt gleichen alle ungefähr dem selben Wasserkessel. Eine hübsche Toreinfahrt Louis XVI. Ein schöne alte Villa Louis XV., sehr schwarz und sehr schadhaft. Schöne, würdige Grabstätten. Das Schloß ist 1793 während der Kriege Frankreichs gegen Europa zerstört worden.

Rechts oben: Das Alte Rathaus (Stadthaus) an der Poststraße in Merzig. Der Spätrenaissancebau wurde 1647 bis 1649 unter Kurfürst Philipp Christoph von Soetern von Matthias Staudt erbaut (Foto um 1937).

21. September
Merzig. Die Kirche besichtigt; romanisch; 1725 restauriert und verdorben. Apsis aus dem 11. Jahrhundert. Bogenreihen mit in Stein gehauenen Rundstäben auf kleinen romanischen Säulen mit verschiedenen Kapitelle. Vier schöne Kapitelle an den Kirchenpfeilern. Üppige byzantinische Details. Das Äußere der Kirche noch sehr schön. Dreiteilige Apsis mit romanischen Pfeilern. Das Innere ist groteskerweise weiß und blau getüncht. Die Kirche ist natürlich der Zerstörung preisgegeben und wird bald irgendeiner nichtssagenden Basilika weichen müssen. [...] Wir haben einen sorgfältig mit Mörtel instand gehaltenen Graben voller Wasser bemerkt, und dieses Wasser unterspülte die Fundamente.

Freudenburg. Ein Dorf auf einem Felsengrat. Türme, Spitzbögen; schöne Ruine mit drei Giebeln auf dem über das Tal hinausragenden Vorgebirge. Es ist Markttag. Rinder, Ochsen, Bauern, Läden. Das Tohuwabohu erschreckt unsere Pferde bei der Einfahrt ins Dorf an der abschüßigen Stelle der Straße. Sie hufen, bäumen sich auf, der Wagen rollt zurück bis zwei Fingerbreit vom Abgrund. Die Bauern werfen sich den Pferden in die Zügel und bringen sie zum Stehen.

Saarbourg. Wunderbar gelegene Stadt. Seltsame Kirche, großartige Ruine, wir machen dort Halt. Vor dem Abendessen besichtigen wir die Kirche. Aus dem dreizenten Jahrhundert; gut renoviert. Das neue Portal ist schön, großer Stil, verweist auf einen talentierten Architekten. Schöne Grabplatten in der Renaissancekirche, der ehemaligen Standesherren der Stadt, von denen einer den Titel eines Rats des allerhöchsten Fürsten von Trier innehatte. Celsissimi principis Trevirorum. Wenn man aus der Kirche herauskommt, eine wunderbare Schlucht. Gewaltiger Wasserfall der Leuss, die hier aus einer Höhe von sechzig Fuß zwischen ganz herrlich schiefen Häusern herabstürzt. Das ist bezaubernd und furchterregend. Die vom Sturzregen angeschwollene Leuss ist ockergelb. Dieses phantastische Rothaar fällt in die Felsen und erhebt sich wie aufgeblasen von einem Orkan, der unter der Erde hervorkommt. Viele schöne alte Bauernhäuser. [...]

«Ansicht der Alten Abtei» in Mettlach, so gesehen von Nicolas Liez (Aquarell von 1848, Privatbesitz der Firma Villeroy & Boch).

22. September
Nach Freudenburg und der Cloef aufgebrochen, von wo aus man die Ruine Montclair sieht. Wir gehen zur Ruine. Schwieriger Aufstieg; das Gemäuer ist wunderbar; das alte Schloß aus dem 14. Jahrhundert. Reste von Kaminen mit ihren Verkleidungen. Spitzbogentüren und -fenster mit dreilappigen Giebelfeldern. Das Dorf ist seltsam, fast wild und erweist sich der Ruine würdig. Die Kirche ist neu und dumm.

Um halb sechs auf die Cloef. Wunderbare Aussicht. In einem großartigen Talkessel bewaldeter Hügel kommt die Saar an und zieht dann weiter, in dem Berg eine riesige Acht bildend. Mitten im Wald, auf der höchsten Erhebung des Berges liegt die Ruine der Burg Montclair, die 1350 von Erzbischof Balduin von Trier zerstört worden ist.

Victor Hugo, um 1860

Ein kritischer Gast

Diese, trotzdem sie eine Doppelstadt ist (St. Johann und Saarbrücken), hat etwas Ödes und Tristes. Es mochte ihr freilich zu Ungunsten gereichen, daß ich von Metz kam, das vor hundert anderen Städten etwas ausgesprochen Königliches hat. Und gerade das ist das letzte, was man von Saarbrücken wird behaupten wollen. Es hat einen «Schloßplatz», aber welchen! Nicht viel besser sind die Straßen. Die ganze bauliche Anlage, in Nüchternheit und lebloser Breite an unser märkisches Neuruppin erinnernd, gehört jener Epoche von 1790–1815 an, wo die Baukunst auf ihrer allerniedrigsten Stufe stand. [...]

Es fehlt das Pittoreske der alten und die gefällige Eleganz der neuen Städte. Wie sich in dem Dreieck Aachen, Trier, Metz dergleichen aufbauen konnte, bleibt fast ein Rätsel. Das Beste sind die Brücken und das Bahnhofsgebäude, das sich mit seinen weithin sichtbaren, aus schönem Gestein aufgeführten Turmfronten wie ein wirklicher Schloßbau ausnimmt.

Theodor Fontane, 1871

Der erste Bergmannsstreik

Mitte Mai hingen an den Bäumen und Telegraphenstangen, die sich an der Chaussee und den Bergmannspfaden hinzogen, überall Zettel: «Morgen abend um sechs Uhr ist Versammlung bei dem Wirt Dörr in Neuweiler wegen des Wohls der Bergleute.» Die Unterschriften waren abgerissen. Auf dieser stark besuchten Versammlung, an der auch die Behörde teilnahm, trugen die Bergleute ihre Wünsche vor. Die öffentliche Versteigerung der Arbeit sollte aufgehoben und die normale Schichtzeit unter Tag auf neun Stunden, und die Schleppzeit auf vier Jahre festgesetzt werden; im Geding sollte vier Mark und im Schichtlohn drei Mark fünfzig verdient werden. Bergleute, die mit Gefängnis bestraft waren, sollten nach Absitzung ihrer Strafe wieder angelegt werden, niemand sollte mehr gezwungen sein, einen Teil seines Lohnes auf die Kreissparkasse zu legen oder auf der Menage essen zu müssen, Strafe und Ablegung auf Wochen wegen eines Wagens unreiner Kohlen sollten wegfallen, die Feierschichten weniger streng bestraft werden, öffentliche Verlesungen, Benennungen, zum Beispiel «Faulenzer», nicht mehr erlaubt sein.

Die Erregung der Bergleute über die ungerechte Behandlung seitens der Unterbeamten machte sich in lauten Anklagen Luft.

Darauf nahm der Bergrat das Wort. Er verlas die aufgestellten Forderungen und die von der Deputation vorgetragenen Wünsche und versprach im Namen der Bergbehörde Erhöhung der Löhne. Die übrigen Forderungen würden geprüft und nach Möglichkeit erfüllt werden. Natürlich konnte das nicht von heute auf morgen geschehen. [...]

Der Bergrat schloß mit einem Hoch auf den Kaiser, die Bergleute sangen «Heil dir im Siegerkranz», die Versammlung wurde aufgelöst, der Saal geräumt, die Leute gingen scheinbar ruhig auseinander.

In der «Deutschen Freiheit» sprach an diesem Abend der Schellenwenzel. Schon ehe man in die dunkle, schmale Fingerhutgasse einbog, konnte man den Lärm der Stimmen hören. Aus den Ritzen der grünen Holzläden drang Helligkeit und quoll der Rauch, ein betäubendes Stimmengewirr herrschte in der engen, überfüllten Wirtstube. Die Bergleute standen bis an die Wände, hinter den Bänken, um den Schenktisch gedrängt und auf der Treppe bis auf die Gasse hinaus. Der Schellenwenzel kam direkt von der Grube Otten. Mit heißem rotem Kopf und flammenden Augen und bereits heiserer Stimme sprach er in den Lärm hinein.

Zufrieden wollten sie sein? Mit was denn? Mit einem Versprechen, das einem der Herr Bergrat gegeben hatte? Was hatten sie denn nun in der Hand? Ein Ehrenwort der Behörde? Vorgelesene Paragraphen, die nicht in die Arbeitsordnung aufgenommen waren!

Schwarz auf weiß mußten sie es haben, vom Kaiser unterschrieben! Alles andre war Schwindel! [...]

Mit brausendem Hurra wurde die Rede begrüßt.

Am andern Morgen fuhren auf der Neuweiler Grube nur noch neunzig Mann an. Die übrigen gaben ihre Lampen ab.

Die Auszahlung der Löhne fand statt.

Auf den Gruben wurden nun die Lohnzettel spezialisiert angeschlagen und bekanntgegeben, daß seit Beginn dieser Woche auf allen Gruben die Schicht nicht länger als zehn Stunden, *einschließlich der Ein- und Ausfahrt*, dauern solle, eine weitere Verkürzung sollte versucht werden, sei aber schwer auszuführen und entspräche auch nicht dem Wunsche eines großen Teiles der Belegschaft.

Die Türen sollten während der Schicht tagsüber offen bleiben. Auf denjenigen Gruben, auf welchen der Lohn zu gering ausgefallen wäre, sollten die bestehenden Gedinge aufgebessert werden.

Abzüge von den Löhnen zur Kreissparkasse durften nicht mehr gemacht werden. Das Versäumen von einer Schicht in unverschuldeten Notfällen sollte bei gehöriger Entschuldigung nicht mehr bestraft werden.

Die Anlegung von Bergmannskindern bei genügender körperlicher Entwicklung sollte nach der Reihenfolge der Anmeldung stattfinden. Im Falle besonderer Bedürftigkeit der

Eltern sollte eine Ausnahme gemacht werden. Die Eltern wurden aufgefordert, ihre Jungen beim Obersteiger zur Arbeit anzumelden.

Die Konzessionen, welche die Bergbehörde machen zu können glaubte, waren hiermit erschöpft.

Sie warnte die Bergleute, sich durch unruhige Kameraden zu törichen Schritten hinreißen zu lassen und von den Wucherern, die jetzt die Dörfer unsicher machten, Geld zu borgen.

Fettgedruckt waren die Worte am Schluß: «Wer ohne Kündigung die Arbeit niederlegen sollte, wird als freiwillig aus der Arbeit ausgeschieden betrachtet und hat die Folgen seines Schrittes zu tragen. Wer ruhig zur Arbeit geht, soll vollen Schutz genießen, sowohl auf der Grube wie zu Hause.»

Tags darauf legten fast alle Belegschaften die Arbeit nieder. Das war die Antwort auf die Bekanntmachung der Bergwerksdirektion.

Von einer Arbeiterschaft von sechsundzwanzigtausend Mann streikten jetzt über zehntausend.

Anonyme Drohbriefe forderten die noch arbeitenden Bergleute und Hüttenarbeiter auf, mitzustreiken.

Am Zahltag derselben Woche legten auch die Kesselschmiede die Arbeit nieder.

Liesbet Dill, 1913

Frankreich braucht Kohlen

Ich war damals zweiundzwanzig Jahre alt, noch nicht einmal, denn es war im Frühjahr oder gegen Winterende 1919, in der Nähe von Saarbrücken. Es hatte Streiks in den benachbarten Bergwerken gegeben, und die Jäger meines Bataillons standen dort auf Wache. Offiziere der Bewachungsmannschaft hatten mich eines Tages in das Hügelgelände mitgenommen, es muß, wenn ich mich recht erinnere, in der Gegend von Völklingen gewesen sein. Ich sehe wieder vor mir den Eingang der Grube [...] Es war bereits Nacht. Die Wachhabenden waren Jäger, die ich von den ärztlichen Untersuchungen her kannte, einen hatte ich wegen einer Lungenentzündung behandelt. Soldaten und Offiziere, junge sorglose Männer, die genug hatten von einem Krieg, der noch verlängert wurde durch die Besatzung in diesem so wenig erfreulichen Lande, es war ziemlich kalt, man redete über alles recht leichtfertig, die Hauptsache war, daß man die gerade modischen Ausdrücke beherrschte. Aber ich sah wohl, daß sich Unruhe hinter dieser Leichtfertigkeit verbarg. Unterdessen ruft man uns. «Uns» ist eine Redensart. Die Nachtschicht weigerte sich, einzufahren, diejenigen, die nach oben gekommen waren, teilten mit, in den Stollen sei irgend etwas nicht in Ordnung, ich weiß nicht was, an der Holzverschalung, oder es sickerte etwas durch ... jedenfalls standen die Leute vor dem Schacht, die Zurückgekehrten bedeckt vom Schwarz der Tiefe, die anderen bereits angezogen, mit gekreuzten Armen; und die Rufe der Offiziere, der deutsche Ingenieur, der sich bemühte oder jedenfalls so tat, die Dinge in Ordnung zu bringen, die drohenden französischen Wachoffiziere, die Soldaten, Gewehr bei Fuß, ungefähr dreißig ... Was tat ich da? Ich begriff alles sehr schlecht, nicht einmal in Frankreich hatte ich je ein Bergwerk gesehen. Die Arbeiter ... um die hatte ich mich bis dahin nicht gekümmert. Sie sprachen miteinander, ihr Sprecher gab dem befragenden Hauptmann heftige Antworten (auch den Hauptmann kannte ich, wir spielten zusammen Bridge), und ein Unterleutnant flüsterte mir zu: «Schauen Sie sich doch die Leute an, Doktor ... diese Boches-Gesichter!» Ich verstand nichts von dem, was gesagt wurde, zunächst einmal sprach der Bergmann ein Deutsch, wie ich es weder in der Schule gelernt noch bei den Fräuleins in Saarbrücken gehört hatte. [...]

Der Hauptmann war kein übler Mensch. Er liebte keine Auseinandersetzungen. Aber was? Sind wir die Sieger, oder sind wir es nicht? Frankreich braucht Kohlen. Ich kenne nur das ... Ich verzichte auf Einzelheiten.

Da standen sie dicht nebeneinander, aneinandergepreßt, fast ohne Raum zwischen den Schultern, den nackten Armen, Männer aus Fleisch, eine zornige Mauer, die Augen,

«Der Streik», Holzstich um 1890. Im Zuge sich verschlechternder Arbeitsbedingungen wuchs die Unzufriedenheit der Grubenarbeiter so sehr, daß sie sich um gewerkschaftliche Organisation bemühten. Unterstützung erhielten sie dabei von der katholischen Kirche. Im Mai 1889 kam es dann zum ersten Massenstreik unter Nikolaus Warken.

die hingeworfenen Worte; das alles konnte jeden Augenblick eine schlimme Wendung nehmen. Wenn die Unsren schießen mußten ... dann gab es keine Erörterung, ich gehörte auf diese Seite, nicht auf die andere. Es gab keine Wahl. In diesem Augenblick spürte ich in mir, einer Panik gleich, das Gefühl, das hinter dem Friedhof von Poix, in seinen Sträuchern, den Musketier Géricault erfüllen mußte: in diesem Augenblick spürte ich in mir jäh, daß diese drohenden Unbekannten, diese Boches an jenem Abend recht hatten, daß ihr Widerstand menschlich groß und menschlich edel war ... Und wir dagegen? Wir!

Louis Aragon, 1957

Das Gespenst vom Ritthof

Dicht am Eingang zu Bliesschweien, dem Dorf, wehte das Fähnchen vom Wirtshaus. Dort trank Johann Völker in der niedrigen langen Stube ein Glas gelben Saarwein. Und als er eine Viertelstunde am Kieferntisch gekauzt hatte, kam ein scheues, bäurisch gekleidetes Mädchen ohne Hut zur Tür herein, das einen Eimer und ein Tablett mit leeren Weinkaraffen trug. Sie bewegte sich, als sie den Eimer neben dem Schenktisch abgesetzt hatte, blaß und erschrocken zwischen den dicht belagerten Tischen herum, warf die Augen auf Johann. Er fragte sie, indem er das leere Glas von sich schob, ob sie mit ihm trinken wolle und warum sie so erschrocken sei. Ach, lächelte sie, das sei nur, weil er eine blaue Mütze trüge, die stünde ihm so gut, darüber habe sie sich gefreut. «Wir wollen zusammen essen», schlug Johann mit der Faust auf die Holzplatte, da er das Mädchen immer schöner fand. Aber sie zwinkerte mit den Augen, kniff ein verschmitztes Grübchen in die Wange, kicherte ganz hoch in der Kehle mit geschlossenen Lippen, ließ die Karaffen füllen.

Johann blieb die Nacht über in dem fremden Wirtshaus. Tags drauf und öfter begegnete er dem Mädchen mit dem Eimer; sie war die Tochter des Schmiedes Liewennen und

Eisen, Stahl und Kohle galten besonders in den ersten Jahrzehnten des 20. Jahrhunderts als die Eckpfeiler der saarländischen Wirtschaft. – Oben: Im Hochofen setzt sich das flüssige Roheisen unter der leichten Schlacke ab und wird, wie hier im Bild in Neunkirchen, abgestochen (Foto von 1937). – Unten: Als man noch keine Förderbänder kannte, mußten «Pferdestärken» zum Transport herhalten. Bergmann mit Grubenpferd (Foto um 1919).– Mitte oben: Die Belegschaft des Puddelwerks der Dillinger Hütte. Die Arbeiter in den hinteren Reihen halten ihr Handwerkszeug, das «Gezähe», in der Hand. Im 19. Jahrhundert wurde das Eisen noch durch das Puddelverfahren – Entkohlung durch Umrühren des Roheisenbades – gewonnen. Auch die Kinder im Vordergrund hatten Aufgaben zu erfüllen: Sie brachten ihren Vätern das Essen ins Werk. – Mitte unten: Im Eßsaal des unteren Schlafsaals der Grube Von der Heydt. Um 1880 lebten zahlreiche Stahl- und Bergarbeiter aus dem Umland unter der Woche in Schlafhäusern, die von den Gruben erbaut wurden (Foto um 1900).

Mitte unten: Anfang des Jahrhunderts waren es häufig die unzureichenden Sicherheitsvorkehrungen, die zu Grubenunglücken führten. Hier eine Bergbau-Rettungsmannschaft auf dem Weg zum Einsatz (Foto um 1920). – Oben: Kohleverladungsstation an der Saar in Saarbrücken. Bis zum Bau der Eisenbahnlinie wurde die Kohle noch mit Schiffen auf der Saar transportiert. Als 1852 das letzte Teilstück des Schienenwegs von Paris zum Oberrhein eröffnet wurde – er führte direkt durch das Kohlegebiet –, mußten die Schiffahrtsbetriebe ihre Arbeit einstellen, da sie die Kohle nicht so schnell und bequem wie die Bahn transportieren konnten. Entlang der Bahnlinie entstanden weitere Gruben, die zu einem neuen Wirtschaftsaufschwung führten (Foto um 1910). – Unten: Fahnenträger und -junker der Burbacher Hütte am Tag der Fahnenübergabe am 1. November 1904. Im Rahmen der «Bergfeste» der privat geführten Hütten fand dieses Ritual statt. Die Gestaltung der Fahne und der Uniformen ähnelte bis ins Detail den «Requisiten» des staatlichen Bergbaus (historisches Foto).

hieß Kätti. Er wanderte mit seiner blauen Mütze, in dem jungen ebenmäßigen Gesicht die randlose Brille, an den dünnen langen Beinen Radfahrhosen und braune Segeltuchschuhe, wanderte zwischen der Schmiede und der Schenke des Nikolaus Schlöser her und hin. Sie freuten sich miteinander den ganzen Sommer. Sein Vater wußte nicht, wo er hauste, glaubte, Johann hätte eine Reise wieder über den Ozean auf einem Frachtdampfer oder auf einem Segelschiff angetreten.

Im August quartierten sich vier lustige Herren aus Trier beim Nikolaus Schlöser ein. Mit denen ritt Johann auf die Hühnerjagd; sie knallten den halben Tag über, abends warfen sie sich in der Laube neben der Bliesbrücke auf den Rasen, stießen den Gartentisch um, pflanzten eine brennende Kerze in die Erde und spielten Karten, bis die Hühner krähten. Kätti hörte nichts von Johann. Feine Mädchen brachten die Trierer Herren in die Laube und zum Schlöser. Johanns Gesicht wurde vom Trinken und Lumpen dick. Statt der leichten Füße in Segeltuchschuhen scharrten die Latschen eines Jungen zur Schmiede herüber; er brachte Grüße und ein Bündel Rosen von Herrn Johann Völker.

Aber sie war schlauer als er hinter seiner gläsernen Brille. Sie ging in die Honoratiorenstube, wenn die fremden Weiber mitpokulierten, sangen und kreischten, ließ sich verschämt bei der Hand fassen, ihre hochausgeschnittenen Augen wanderten: den Fingern, die nach ihren Zöpfen tasteten, wich sie aus; sie warf sich dem schmunzelnden Johann, zwischen Tischkante und Stuhl sich einzwängend, brustabgeschmiegt auf den Schoß. Und als sie ihn mit der Eitelkeit gefangen hatte, kicherte sie eines lärmenden Abends, während er im Korridor ihren Kopf nehmen wollte: «Guten Tag, Johann, lebwohl», hing sich an den Arm des spitzbärtigen Jägers aus Trier, der eben in grünen Wickelgamaschen, geschniegelt, gescheitelt, keck aus seiner Stube spazierte und im Vorüberziehen, elegant fußscharrend, Johann mit einem Finger auf die zuckende Schulter tippte.

Das war an einem Sonntag. Karl Völkers Sohn vergaß den Tag nicht. Und im Moment, wo sie vorüber waren, fühlte er einen Zwang, aus dem Flurfenster nach der Brücke hinzusehen, und wie er sich abwandte und nach unten vor die Haustür blickte, da hatte sich die Liewennen, – im sauber gewaschenen weißen Kleidchen hüpfte sie hinter einer kleiderrauschenden Dame in das Kabriolet, – da hatte sich die Liewennen verändert. Über ihrem gebügelten Rock lag es, der Rock dampfte; steifig, der Länge nach war er tausendfach gefältet; von dem rosenblumigen Hut, den sie sich eben weit in den Nacken stülpte, goß sich ein Staub, ein feiner Ruß, der um ihre Schultern schwelte.

Johann verließ seine Stube nicht; eine höllische Wut und Raserei nahm ihn gefangen. Er berührte keine Flinte; die Karten, die man mit rotem Wein begossen zu ihm hinaufschickte, streute er auf den Flur vor die Stube der vier. Dann machte er sich verbissen hinter der Schmiedstochter her. Er sah, er übersah dieses Flüssige, Dünne, Zittrige, das sie umgab, das aus ihren Kleidern, von ihrem freudevollen Gesicht wie der Dunst aus warmem Wasser aufstieg. Es beunruhigte ihn nicht. Er brütete, war der Spürhund hinter ihr, haßte sie. [...]

Des Schmiedes Liewennen Kätti mied das Wirtshaus; es hieß, der Pfarrer habe mit ihr gesprochen. Aber das stillte seine Wut nicht. Im bäurisch weiten Rock, mit bewußter armloser Taille trug sie ihrem Vater vom Brunnen die Wassereimer Tag um Tag; schon wurden die Blätter an den Bäumen bunt; warm und traurig hielt sie das Gesicht gesenkt, wenn der lange Hesse ihr über den Weg stolperte. Wenn sie lief und die Eimer schwappten über, sah er ihr nach, und da liefen doch zwei. Gedoppelt lief es, machte ihn eine Minute stumm, hielt sein Herz an. Zweimal waren es zwei bloße Arme, zweimal schoben sich zwei Füße eng nebeneinander vor; ihr Kopf hatte hinten dicke, festgesteckte und bebänderte Flechten, der andere war glatt, er schwankte bald rückwärts bald seitwärts von ihrem, und wenn sie ihren auf die Brust legte, so stand der andere dünn in der Luft da, gegen dunkle Baumstämme hob er sich hell ab; so glattgestrichen war er von allen Seiten. In einem dunklen Grimm duldete er den Anblick: «Das ist das Zeichen; daran sollst du sie

Fortsetzung Seite 105

In Braunshausen bei Nonnweiler befindet sich im Stadtteil Mariahütte die Kapelle Mariä Empfängnis. Sie birgt im Inneren zwei Marienfiguren aus Holz und Sandstein aus dem 18. Jahrhundert.

Nächste Doppelseite: Nicht weit entfernt von der Nahequelle liegt der Bostalsee, ein beliebtes Naherholungsgebiet.

Die Ruine der Burg Dagstuhl liegt zwischen dem Wadrilltal und dem Löstertal, wo früher die Salz- und Weinstraße hindurchführte.

In Sankt Wendel beginnt die «Straße der Skulpturen», die am Bostalsee vorbei bis zum Peterberg führt. Leo Kornbrust, der sie 1971 erdachte, setzte sich mit diesem Projekt zum Ziel, Kunst in die Landschaft zu integrieren. Künstler aus aller Welt beteiligten sich. Oben links: Gernot Rumpf; oben rechts: Herbert George; unten: Annemarie Kubach-Wilmsen und Wolfgang Kubach.

Nächste Doppelseite: Die Gegend um Losheim, am Rand des Schwarzwälder Hochwalds, ist ein Eldorado für Wanderer. Über einhundert Kilometer markierte Wanderwege durchziehen die Berg- und Hügellandschaft zwischen Saar und Prims.

Der heilige Wendalinus, Schutzpatron der Stadt Sankt Wendel, hat hier, im Chor der ihm geweihten Pfarr- und Wallfahrtskirche, seine letzte Ruhestätte gefunden.

Ausschnitt aus dem «Kreuzweg» der Basilika Sankt Wendalinus in Sankt Wendel. Der «Wendelsdom», wie er von den Einheimischen gern genannt wird, gilt als der schönste spätgotische Bau des Saarlands. Die Farbgebung der Plastiken und Gemälde orientiert sich am terrakottafarbenen Innenraum der im 15. Jahrhundert begonnenen Kirche.

Blick in den Chor der dreischiffigen Basilika Sankt Wendalinus in Sankt Wendel. Die Kanzel im Flamboyantstil (links) wurde 1462 vom damaligen Kommendaturpfarrer von Sankt Wendalinus und Kardinal Nikolaus von Kues gestiftet, der als Nikolaus Cusanus in die Philosophie- und Kirchengeschichte einging. Das Chorgestühl aus dem 18. Jahrhundert stammt aus Trier.

Nächste Doppelseite: Die frühgotische Abteikirche Sankt Mauritius in Tholey wurde zwischen 1261 und 1320 erbaut.

parat herausgekommen; die blaue 25-Francs-Marke zeigte Weltkugel, Buch und Schriftband, die rote Luftpostmarke zusätzlich die Friedenstaube.

Das Völkchen an der Saar pflegte seine charakteristische, nur ihm eigene Lebensart. Aufs Brot schmierten wir – ich sage «wir», denn in einem ideellen Sinne kann ich mich schon dazurechnen –, schmierten wir uns Landsieg-Margarine aus dem Hause Fauser. Unser liebster Belag war Fenner Harz. Dazu tranken wir Wildberger Bohnen- oder Kathreiner Malzkaffee. Wer rauchte, rauchte Lasso aus der Zigarettenfabrik Jyldis in Saarlouis. Wir Kinder lutschten Lollys. Die verschmutzten Kleider überließen unsere Mütter dem ganz allein waschenden Mittel Valan, einem Produkt der Saarbrücker Tip-Werke, von dem noch heute eine nicht mehr illuminierte Neonschrift auf einem Haus an der Berliner Promenade kündet.

Was Schuhcreme, Bohnerwachs und Fußbodenfarbe betraf, so hielten wir uns an die gleichen Marken wie Schneewittchen und die sieben Zwerge. Ich besitze es noch, das Märchenbuch mit den eingeklebten bunten Bildern, ein Werbegeschenk der Erdal-Fabrik Philipp Mühlen & Co., gedruckt bei Klinke in Mettlach. Unter jeder Seite steht ein Reklamespruch. Unter Bild Nr. 1, «Schneewittchen wirft dem Königssohn eine Rose zu», heißt es: «Was Erdal bringt ist Qualität». Unter der Seite mit Bild Nr. 13, «Schneewittchen trägt ihren Freunden ein leckeres Mahl auf», ist zu lesen: «Kwak mit Spezial Knochenleim». Und aus der Nacherzählung des Märchens im Anhang geht eindeutig hervor, daß Schneewittchen und die Zwerge ihr Häuschen und ihre Schuhe mit Kwak-Fußbodenfarbe, Waxa-Bohnerwachs und Erdal-Schuhcreme auf Hochglanz gebracht haben.

So weit die historischen Tatsachen.

Rainer Petto, 1985

Dudweiler Sommerfeste

Die Dudweilerer, die die Feste feiern, wie sie fallen, sitzen im Wald, und ihr Wasser des Lebens ist das Bier. Der Wald ist für die Dudweilerer kein Märchenland mit verwünschten Wassertürmen und auch kein Bauerwartungsland, das auf Teufel komm raus kahl gerodet werden muß, nein, der Wald ist für die Dudweilerer der Ort, wo sie Tische und Bänke hinstellen, um in der freien Natur ihr Bier zu trinken. [...]

Der Dudweilerer feiert wie jedermann Ostern und Pfingsten, den Vatertag und die Kirmes, Weihnachten und Fastnacht. Ein saarländisches Schulkind schrieb: «Weihnachten ist ein schönes Fest, derf awwer an Fasenacht nit tippe», und dieser Satz kennzeichnet auch den Dudweilerer Drang ins Freie. Der Dudweilerer feiert nämlich auch drei Sommerfeste im Freien, da gibt es Brüderlichkeit und Versöhnung, da vermählen sich die Gegensätze. Es gibt das Waldfest der Kulturgemeinde Pfaffenkopf am Gehlenberg, es gibt das Waldfest der «Liedertafel» in Pfarrers Dell, und es gibt, o holde Brüderlichkeit und Versöhnung, es gibt das Park- und Lichterfest der «Harmonie».

Auf dem Pfaffenkopf staubt es unter den Bäumen, wenn die Dudweilerer das Tanzbein schwingen, auf der Wiese in Pfarrers Dell aber tanzt es sich weich wie auf Samt. Die Pfaffenkopfer haben bunte Lichterketten in die Bäume gehängt, die jungen Musikanten auf dem Podium blasen in ihre Trompeten, die jungen Mädchen heben ihre Röcke und springen über den Holzboden, und der Dirigent geht in die Knie, weil er lieber mittanzen als dirigieren möchte. Die Pfaffenkopfer haben ihre langen Stangen an die Bäume gestellt, und sie sind fröhlich, auch wenn sie finster und bedrohlich in die Runde blicken. Die jungen, dicken Pfaffenkopferinnen zünden ihre Zigarren an, es erklingt «Rosamunde», und die Waldhörner schmelzen dahin. Zwischen den Stämmen fliegen die Leuchtkäfer, aus dem Wald duftet es nach Wildschwein und Fuchs, und die dunkle pfaffenkopfer Fröhlichkeit breitet sich über das ganze Land. An der Schießbude steht ein kleiner Junge, er schießt eine Rose und sagt zu seinem Vater: «Babbe, sischte, so macht ma das.» Den vornehmen Gehlenbergern aber ist es nicht fein genug unter den Bäumen, es ist zu laut und zu staubig, sie sitzen lieber auf ihren bunten Balkonen und schauen angstvoll in den Wald, wo die Pferde der Prinzen in der Bergschlucht eingeklemmt sind.

Links: Ein «königliches» Bier wird in Sankt Ingbert gebraut. Der steinerne König in der Fußgängerzone scheint den Krug auf das Wohl der Bierbrauer zu erheben.

Rechts: Der Gast läßt sich's schmekken im traditionsreichen «Homburger Hof» in Homburg.

In Pfarrers Dell hat die «Liedertafel» ihr Festzelt aufgeschlagen. Es ist Sonntagnachmittag, die Sangesbrüder aus Herrensohr sind eingetroffen. Sie stehen auf dem Podium vor der goldenen Lyra, sie singen von der holden Wirtin und vom schönen Leben im Brauhaus. Becher reimt sich auf Zecher, und alle Welt ist gesund. Die Männer vom Roten Kreuz stehen da, sie essen eine Brezel, ja, so ist das Leben doppelt schön. Nun haben auch die Schaumbergtiroler Platz genommen, was für eine fröhliche Zuversicht strahlen sie aus in ihren grünen Westen! Sie spielen das Lied von des Försters Töchterlein Lore, und ganz hinten am Waldrand ächzt ein Eichelhäher, auch er stimmt in das Lied mit ein, welch schöne Harmonie von Mensch und Tier, o du glückliches Dudweiler!

Im Stadtpark feiert der Männerchor «Harmonie» seinen achtzigsten Geburtstag. Die Lichterketten aus den bunten elektrischen Birnen spiegeln sich im Wasser des Teichs, der Schwan zieht eine Silberspur durch die zitternden Reflexe, auf der Weinterrasse gibt es frische Brezeln. Heute abend ist Modenschau und morgen vormittag die Sonntagsmatinee. Andrea geht in einer roten Gabardinehose über den Laufsteg, und Marietta kommt im sommerlichen Trägerkleid. Anne Karin ist sogar aus Saarbrücken gekommen, sie hat ihre Gitarre mitgebracht und singt: «Sonne am Morgen.» Die Matinee ist eine musikalische Morgenandacht, so sagt es jedenfalls Peter Prinz, der Präsident der Karnevalsgesellschaft «Grüne Nelke». Er nennt Mozart einen Musikerfürsten, wie es sich gehört, und er sagt würdevoll die Stücke an. Die Musiker stimmen ihre Instrumente, im Garten schreit der Pfau. Die Notenblätter flattern im Wind, nur mühsam von den Wäscheklammern festgehalten. Der Dirigent hebt den Taktstock, die Geiger stemmen ihre Violinen auf das Taschentuch im Jackenkragen, und herzergreifend tönt das Vorspiel durch die Linden und Kastanienbäume. «Dir, Seele des Weltalls!» singen die Männer, und laut rufen sie: «O Mäschtiger!» Im Biergarten sitzen die Nonnen vom St.-Josefs-Krankenhaus, sie trinken Orangensaft und lauschen ergriffen den Motetten. Dann ist das Konzert zu Ende, ein Junge überreicht der Solistin einen Tulpenstrauß in Zellophanpapier. Der hinterste

Die Blüte des saarländischen Vereinswesens kam mit der Industrialisierung. Die Vereine boten nicht nur Geselligkeit, teilweise erfüllten sie karitative Aufgaben, und häufig waren sie auch ein Forum für gesellschaftspolitische Auseinandersetzungen. Die ersten Arbeitervereine wurden mit Hilfe der katholischen Kirche gegründet und dienten unter anderem der Krankenversorgung. Freizeit- und Kriegervereine kamen ab 1870 hinzu. – Links oben: Der katholische Wallerfanger Marienverein (Foto von 1928). – Links unten: Die Wallerfanger Jungmänner (Foto um 1915). – Mitte unten: Der Musikverein Concordia Vaudrevange (Foto von 1954).

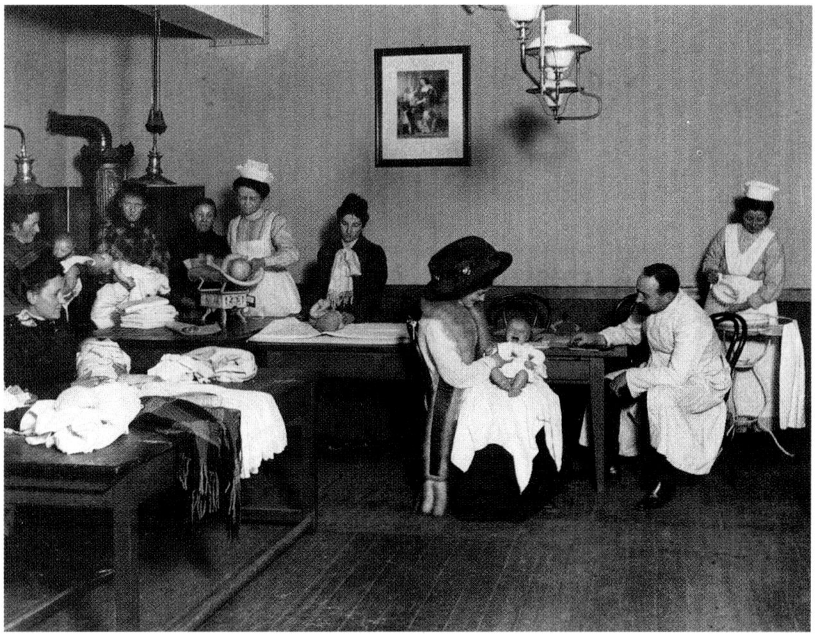

Mitte oben: Eine Attraktion waren die ersten Schwimmbäder (hier das der Röchling'schen Eisen- und Stahlwerke), die von Männern und Frauen getrennt zu benutzen waren (Foto um 1900). – Rechts oben: Die Sozialeinrichtungen der Hüttenbetriebe kamen der ganzen Familie zugute, so auch diese Krankenstation in Völklingen (Foto um 1900). – Rechts unten: Die Hütten stellten für die Arbeiter auch preiswerte Lebensmittel bereit, zum Beispiel wurden Familien von der «Röchling'schen Milch-Küche» versorgt (Foto um 1910). – Mitte unten: Fest zum hundertjährigen Bestehen von Villeroy & Boch 1909.

Turn- und Sportvereine wie der Athletenclub «Siegfried» waren dem damals herrschenden «Ideal der Wehrhaftigkeit» verpflichtet (Foto um 1910).

Geiger legt sein Instrument auf das Podium, er greift nach einer Flasche Bier und sagt: «Trät ma kääner uff mei Gei druff.» Ja, das Grußwort von Hermann Schon, dem Bezirksbürgermeister, ist Wahrheit geworden. Hermann Schon, der Schirmherr, spricht von der «stillen Solidarität zwischen den Sängern», wie hat er recht! Ja, die Harmonie der Widersprüche, diese Eintracht und dieser Gleichklang zwischen musizierenden Bergleuten und routinierten Professionellen, er tönt hinüber nach Sulzbach, wo die Märchentanten wohnen, und er tönt nach Saarbrücken, wo die Utopie gedeiht.

Ludwig Harig, 1977

Saarländische Alltagspoesie

Aber das Saarland ist nicht nur dieses Neben- und Miteinander von Bäumen und Schloten, es ist nicht nur dieses winzige Montangebiet im Walde, das der Durchreisende flüchtig bemerkt, wenn er im Zug oder im Auto eine Viertelstunde an grauen Hinterhöfen und an schwarzen Schlackenhalden vorbeifährt. Wer nicht anhält und aussteigt und auf die andere Seite geht, der wird nicht sehen, wie dort eine stille Poesie erblüht. Auf der anderen Seite sind die Häuser nämlich immer bunt angestrichen, samstags wird die Straße gekehrt, der Großvater sitzt vor der Haustür auf dem alten Schemel und raucht die Pfeife mit dem Tabak aus St. Wendel. Vater und Mutter liegen im Fenster, auf der Fensterbank stehen die Flaschen und der Krug von Villeroy & Boch mit der Inschrift: «Beim Trinken froh, / beim Handeln gut, / ein frohes Herz / gibt frischen Mut.» Die Halden blühen auf, die Birken zeigen ihre weißen Rinden, und die Pappelblätter zittern im leichten Westwind, selbst auf den warmen Schlacken der Halde wächst Wein. Es heißt, der Ministerpräsident hüte die raren Kreszenzen wie einst die römischen Kaiser den Lacrimae Christi vom Vesuv.

Der saarländische Großvater auf seinem Schemel ist nicht die Miniatur des Ruhrkumpels, er wohnt vielmehr im eigenen Haus, zu dem ein Garten, vielleicht sogar noch ein kleines Stück Acker gehört. Dort wachsen Bohnen und Erbsen, Gelbrüben und Rotkappes und vor allem die «Grumbiere», die saarländische Kartoffel. Der Saarländer liebt die Kartoffel in jeder Form, er ißt «Schnippelschesbohnesupp unn Grumbierpannekieschelscher», er ißt «Dibbelabbes unn Schales», er ißt «Herzdriggerte unn Gefillte», er ißt «Geheirate unn Quer-dursch-de-Gaarde», er ißt «Schneebällscher unn iwwer-die-Platt-Geschmelzde», was alles poetische saarländische Kartoffelgerichte sind:

Schnittbohnensuppe und Kartoffelpfannkuchen, Topffladen und Schalen, Gedrückte und Gelbrüben, Herzdrücker und Gefüllte, Verheiratete und Quer-durch-den-Garten, Schneebällchen und Über-die-Platte-Geschmälzte sind nicht nur fade Übersetzungen, sondern bleiben auch unentschlüsselte Metaphern. Quer durch den Garten geht die Gemüsesuppe, Mehlklöße und Salzkartoffeln sind miteinander verheiratet, und was das Herz so drückt, sind die Klöße aus roh geriebenen Kartoffeln.

Der Saarländer sagt Küchelchen und Bällchen, er sagt Schnippelchen und Knöchelchen wie im Märchen – das ist sein Zug ins Kleine, er macht das Große winzig und das Gigantische lächerlich, er bekennt sich zur bescheidenen Leichtigkeit.

Ludwig Harig, 1978

Land der Gegensätze

Wehingens Umgebung kann zu des Urgroßvaters Zeiten kaum viel anders ausgesehen haben als heute. Hoch auf einem Bergsattel gelegen, bietet der Ort eine weite Aussicht auf geruhsam bewachsene sonnige Mulden im Schutz rund ausgreifender Hänge; Äcker, Weiden, Obstbaumpflanzen und Waldstücke im Wechsel, verborgene Bachtäler auch, alles wohl bearbeitet, kein Stück Sozialbrache dazwischen, ein Land, das Weizen, Milch, Äpfel und Honig spendet und mancherorts unermeßliche Erdbeerenernten hervorbringt.

Hangaufwärts geht es auf die Hochfläche, die zur Mosel abfällt, nach Lothringen und Luxemburg. Talabwärts kommen wir an die Saar, dort, wo die große Saarschleife ihren Anfang nimmt. Eine Stunde wandert man hier nach Mettlach, am schilfigen Ufer, unterm Schieferfels, die reich bewaldete Halbinsel mit der Ruine Montclair gegenüber. Es wäre einer der schönsten Flußspaziergänge in unserm Land, wäre nicht das stinkende Wasser, das sich mit seinen Schlammassen nur noch träge fortzubewegen vermag. Der Name «Saar» bedeutet «die Eilende» – ein flinkes, eilendes Gewässer war sie, als der Urgroßvater oben fiedelte im dunklen Dorf. Jetzt ist sie krank – denn wo sie herkommt, ehe sie die Mettlacher Schleife zieht, da hat man's ihr angetan, Eisen und Kohle im Verein, zwischen Dillingen und Saarbrücken. [...]

Die Gegensätze zum Saargau und zum Hochwald sind scharf und schneidend. Es ist eines der Kennzeichen dieser Landschaft, daß hier gewachsener und industrieller Bereich so unvermittelt beieinanderliegen. Mehr als einmal erlebte der Reisende, daß er von einem Augenblick zum anderen aus technischer Wüstenei in behäbige Ackerbürgerwelt gelangt, daß er im stillen Waldtal auf Fördertürme stößt. Es befinden sich auch beide Regionen über- und untereinander, so im Warndt, einem abgelegenen Waldgebiet links der Saar, wo ein Straßenschild «Achtung, Grubensenkungen!» uns auf die unterirdische Anwesenheit des Bergbaus aufmerksam macht.

Eine der Nahtstellen ist die Stadt Saarlouis, [...] eine künstliche Gründung des 17. Jahrhunderts, auf Wunsch Ludwigs XIV. als Festung erbaut, als vielzackiger Stern über dem Flusse angelegt und nach der Zerstörung im letzten Krieg ziemlich langweilig wieder aufgebaut. Enger, aber bunter ist Saargueminnes, die französische Grenzstadt: der Wochenmarkt zieht sich über mehrere Gassen und Winkel, auf dem man lebende Enten und tote Kaninchen, Fisch und hunderterlei Käse, Blumen und Gemüse und im Herbst Tonnen von Trauben feilhält. Hier riecht es nach früher, hängt Geschichte im bröckelnden, blätternden Gemäuer, diese Geschichte blutiger Irrtümer unter den Nachbarvölkern, die das Saarland so teuer hat bezahlen müssen.

Weder von Tholey, der großen Benediktinerabtei, war nun hier die Rede noch von Blieskastel, der Barockschatulle, nicht von Ottweiler und St. Wendel, geschweige denn von Saarbrücken, einst gräflich-nassauische Residenz, heute Metropole des Einmillionenvolkes an der Saar, die wächst und wächst, sich in die Täler drängt und auf den Halberg hinauf, aber wohl nicht schöner, nur noch immer lauter wird. Nehmen wir stellvertretend fürs Ganze die Dörfer des Saargaus und den rauschenden Hochwald sowie die Stadt mit dem Namen eines französischen Königs – zu Hitlers Zeit machten sie Saarlautern daraus –, in der sich das Schicksal dieses Grenzlandes, was Gründung, Gefährdung, Zerstörung und Wiederaufbau betrifft, so deutlich abspiegelt. In der Spannung zwischen dem bäuerlichen Leben oben und der Industriewelt unten am Fluß ist das Ganze enthalten.

Vilma Sturm, 1972

Ein europäischer Landstrich

Die altmodischen, die lächerlichen, die gefährlichen, die blutgetränkten Grenzen zwischen den Ländern des kleinen geschichtsbelasteten Europas sind an der Saar von den Zöllnern beseitigt worden, von einer vorläufig noch beargwöhnten, aber doch erfreulichen Güterfreiheit, die auf dem deutschen Boden Saarbrückens lustig französische Fähnchen über Alkoholflaschen, Modewaren, Parfüms und gar über Automobilen wehen läßt. So ist Saarbrücken eine Stadt unserer Zukunft. Deutschland und Frankreich begegnen sich freundlich auf Gartenschauen, und Minister schütteln einander die Hände. Die vielen großen Freiflächen, die noch immer ausgedehnten Schutthalden der Zerstörungen des letzten Krieges geben der Stadt ihr mittelalterliches und zugleich doch utopisches Gesicht, Kirchen und Wolkenkratzer erheben sich gleichermaßen jung und unmittelbar aus dem Nichts, ein großer Brückenbau über den Fluß ist wie ein Holzschnitt anzusehen, der ein altes Bauhüttenwesen zeigt. Stahlgerüste wachsen wie in Amerika in die Höhe, und eine Kontinuität des Geistes und des Schaffens offenbart sich zwanglos vom Dom bis zur Bank der Montanunion. Reaktionäre der begrabenen Großdeutschheit murren im wilhelminischen Ratskeller beim Bier und unter dem rührenden Bild des Trompeters von Säckingen. Das bevorzugte Kind der Zeit, der wendige Geschäftsmann, nützt die Chance der offenen Grenzen, der sich weitenden Verhältnisse, er tauscht, er kauft, er bietet an, er ißt im Bahnhofsbuffet nach der französischen Karte und lobt von Herzen den vaterländischen Riesling. Amerikanische Soldaten, Kreuzritter von den Farmen des Mittelwestens, am Rhein kaserniert, warten, einen Tölzer Trachtenhut kühn auf dem kurzgeschorenen Haupt, auf den Zug nach Paris: die Welt ist ein Traum. In Völklingen drohen die Schlote der Röchling-Werke den engen Spitzweggassen und legen über die alte Stadt eine immerwährende Wolke schweren schwefelgelben Rauches. In den Hochöfen schmilzt das Erz, um das sich der dritte Napoleon und Bismarck, Clemenceau und die Alldeutschen, Hitler und eigentlich niemand zum Unglück ihrer Völker gestritten haben. Die Werkmauer zieht sich wie um eine Festung. Doch wessen Vorposten sind die Kneipen, die vielen Bierhähne ringsum? Weder deutscher noch französischer Wein scheint gefragt zu sein. In den Schaufenstern kleiner Krämerläden aber glänzen die Kognakflaschen und sind hier billiger als in Cognac selbst. Bücklinge von der Nordsee liegen neben Artischocken aus der Bretagne, und die heimischen Kartoffeln werden schon französisch in Fett gebacken. Auf der Tür eines Werkbüros steht das Wort «Arbeiterstammrolle» geschrieben, was streng und militärisch klingt. Ein junger Mann in Röhrenhosen kämmt sorgfältig sein überlanges Haar, bevor er hineingeht und sich erfassen läßt. Ein Schild sagt, hier sei ein Parkplatz für Kleinwagen. Es ist aber kein Wagen zu sehen. Auch der Autoabstellplatz vor der Werkbücherei ist leer. Überschätzt das Unternehmen die Motorisierung seiner Arbeiter? Die Saar fließt gemächlich durch ein ländlich grünes, kein steingefaßtes Bett, und selbst wo Häuser stehen, Fabriken sich erheben und Schlote ragen, bleibt das Bild dörflich vor freundlich bewachsenen Hängen, und die schweren Kohlenkähne liegen doch leicht auf dem Wasser und wirken bäuerlich und kindlich zugleich.

Wolfgang Koeppen, 1961

Neunkirchen, nordöstlich von Saarbrücken, war im 19. Jahrhundert ein Entwicklungszentrum des saarländischen Hüttenwesens. Von der «Eisenzeit» zeugen heute nur noch Industriedenkmäler. Von der Hochofengruppe, die früher das Stadtbild beherrschte, blieben nur der Wasserturm (im Bild), zwei Hochöfen und das Gebläsehaus erhalten.

Nächste Doppelseite: Im saarpfälzischen Städtchen Bexbach wurde seit dem 14. Jahrhundert Eisenerz gefördert. Nach der Stilllegung der Gruben Ende der fünfziger Jahre wollte man der Bergbauvergangenheit ein Denkmal setzen und richtete ein Grubenmuseum im Hindenburgturm ein. Die nachgebaute Grubenanlage vermittelt einen überzeugenden Eindruck von der Arbeit unter Tage.

Hinter de
nen
Marktp
Hombu
sich wi
neoro
katholisc
kirc
Michael,
schen 1
1841 vor
von Voit a
lassung Kö
wigs I. vo
errichte

Nächste
seite: B
Rundga
Neunkirch
man imme
auf Gebä
auf
Stumm» hi
Gerade
den Unter
befinden si
werke,
Stummsche
gen zurü
wie zum
die eva
Christuski
von 1867 b
erbau

Der Schloßberg von Homburg hat gleich zwei Attraktionen zu bieten: Seit 1981 werden dort die Ruine der Hohenburg (12. Jahrhundert), die der Stadt den Namen gab, und die Mauerreste der unter Ludwig XIV. zur Festung erweiterten Anlage (1680 bis 1692) freigelegt und restauriert.

Über eine Strecke von insgesamt fünf Kilometern lassen sich die Schloßberghöhlen in Homburg erkunden, eine geheimnisvolle dunkle Welt aus Gängen, Hallen und Nischen, übereinandergelagert in drei «Stockwerken».

Mauern, Bastionen, Gräben und Zisternen – die Hohenburg und die daraus entstandene Festung auf dem Homburger Schloßberg ist mit sechshundert Metern Länge und rund hundert Metern Breite auch als Ruine eine eindrucksvolle Anlage.

Im Illtal bei der Stadt Illingen liegt die Burgruine Kerpen. Die im 16. Jahrhundert zur Festung ausgebaute Wasserburg erhielt im 17. Jahrhundert die Vorburg, von der die Toranlage erhalten blieb (im Bild). Neben dem Torturm und einem Wohngebäude ist auch ein Wehrturm zu besichtigen.

Das «saarländische Rothenburg» wird Ottweiler genannt. Alte Fachwerkhäuser bestimmen das Bild des Städtchens an der Blies. Besonders sehenswert ist der Rathausplatz mit dem Alten Turm, der im 15. Jahrhundert als Teil der Stadtbefestigung errichtet wurde.

Links: Die evangelische Pfarrkirche in Böckweiler wurde im Zweiten Weltkrieg sehr stark beschädigt. Bei der Instandsetzung fand man unter der Kirche eine römische Hausanlage.

Rechts: Im Alten Rathaus von Ottweiler, das 1714 errichtet wurde, ist das Fastnachtsmuseum untergebracht.

Nächste Doppelseite: Am Niederwürzbacher Weiher bei Blieskastel.

saarländischen Kreis mit der höchsten Besiedlungsdichte. Saar-Pfalz-Kreis heißt jenes Stück der bayerischen Pfalz, das 1920 dem Saargebiet zugeschlagen wurde. Neben der Kreisstadt Homburg gibt es die Städte Bexbach, Blieskastel und Sankt Ingbert sowie drei Großgemeinden. Der größte Teil des Landkreises Sankt Wendel gehörte nach dem Wiener Kongreß fast 20 Jahre lang unter dem Namen Fürstentum Lichtenberg dem Duodezherrscher des thüringischen Coburg. Preußen kaufte es 1834 und gründete den Landkreis Sankt Wendel, der bei Einrichtung der Völkerbund-Administration an der Saar – wie Merzig-Wadern – geteilt wurde. 1946 wurde das Ganze Teil der von Frankreich gewollten und gelenkten Saar. Nonnweiler, Nohfelden sowie das Ostertal kamen dazu. Einzige Stadt im Landkreis ist Sankt Wendel, neben sieben Großgemeinden. Zum Stadtverband Saarbrücken, dessen Gemeinden und Städte sich hufeisenförmig um die Landeshauptstadt lagern, gehören fünf Städte und vier Gemeinden.

Wirtschaft und Tourismus. *Kohle* und *Stahl* sind die Grundlagen, auf denen sich hier ein eigenständiges Land entwickelte. Die meisten Menschen an der Saar stammen von Zuwanderern ab oder kamen selbst der Arbeit in der Montanindustrie wegen hierher. Der Abschied vom Stahlzeitalter, der ja so deutlich ist, beinhaltet zugleich die Zukunft der Fein- und Spezialstähle. In diesem Sinn bleibt Stahl eine ursaarländische Sache. Der Wandel hin zu einer innovativen Spezialisierung, der freilich mit dem Verlust von Massenmärkten verknüpft ist, wird an der Saar erlebt, erlitten und kreativ gemeistert.

Im Gründungsjahr der Saarbergwerke AG, 1957, gab es 18 fördernde Schachtanlagen, jetzt sind es nur noch fünf: Bergwerk Ensdorf und die Gruben Göttelborn, Luisenthal, Reden und Warndt, so ihre offiziellen Namen. Diese Verringerung der Produktionsstätten wurde von einer eindrucksvollen Steigerung der Förderungsleistung pro Mann und Schicht begleitet. Die Kohlenvorräte, etwa 1,5 Milliarden Tonnen, dürften noch etwa 200 Jahre reichen. Vor allem geht es den Saarbergwerken, die zu 76 Prozent der Bundesrepublik Deutschland und zu 24 Prozent dem Land Saarland gehören, um die Entwicklung umweltfreundlicher Kraftwerke, die Kohle optimal, und das heißt schadstoffarm, verwerten.

Die *Konsumgüterindustrie* an der Saar hat eine spannende Geschichte, weil der jähe Wechsel in ein jeweils anderes Zollgebiet, der dem Lande in 40 Jahren viermal von der Geschichte verordnet wurde, große Anpassungsleistungen verlangte. Die Lage der Saar mitten im europäischen Markt bedeutet eine Herausforderung zu neuem unternehmerischen Handeln.

Gastlichkeit ist nichts, was man erst an die Saar verpflanzen müßte. Sie ist hier zu Hause und zugleich auf dem Weg, eine der

Wie eine Lebensader durchfließt die Saar das Saarland. Dabei passiert sie große Städte und Industriestandorte genauso wie landschaftlich reizvolle Gegenden. Die Saar in Saarbrücken mit Halberg im Hintergrund (links) ...

... und als beliebtes Trainingsrevier des Rudersports (Mitte).

Durch die Landschaft in der Nähe der Saarschleife (rechts) führt auch der Saarland-Rundwanderweg.

ersten Dienstleistungsgewerbe zu werden. Es wird viel getan, um die touristische Infrastruktur zu verdichten und den Fremdenverkehr zu fördern.

Geschichte. Im Hügelland waren das bischöfliche Trier und Lothringen/Metz die großen Nachbarn, die neben den kleinen Herrschaften Land, Macht und Einfluß hatten. Das Haus *Nassau* regierte ab 1391 in Saarbrücken und bildete einen Schwerpunkt im Land selbst, ebenso wie die *Wittelsbacher*, seit 1156 in Zweibrücken, mit Unterbrechungen und wechselnden Linien. Die Saargegend litt stark unter dem Dreißigjährigen Krieg und später unter den *Reunionskriegen* Ludwigs IV. (1680–1697), mit denen Frankreich den geschwächten Nachbarn überzog. Freilich investierte es, wo immer es Fuß faßte, etwa in den Bau der Festung Saarlouis (1680). Daß Fürst *Wilhelm Heinrich von Nassau-Saarbrücken* 1750 den Bergbau unter eigene Regie nahm, gab dem Land gewerbliche Impulse. Von 1793 bis 1815 war die Saargegend Frankreich ganz einverleibt. Als Zweibrücken den Wittelsbachern verlorenging, im Jahre 1799, wurde ein Zweibrücker der erste König von Bayern. In den Jahren 1815 und 1816, nach der Rückgliederung des Saardépartements, zogen die Preußen als neue Landesherren ein, im pfälzischen Teil – jetzt Saar-Pfalz-Kreis – die Bayern. Sankt Wendel wurde dem Herzogtum Coburg zugeschlagen. Mit dem 10. Januar 1920 bildeten die Sieger des Ersten Weltkriegs aufgrund des Vertrags von Versailles das «Saargebiet», das dem Völkerbund für 15 Jahre unterstellt sein sollte und das von Frankreich industriell genutzt wurde. Bei der im Vertrag ebenfalls vorgesehenen Volksabstimmung über die Zukunft des Landes am 13. Januar 1935, also nach Ablauf der Vertragsfrist, entschieden sich über 90 Prozent der Wähler für Deutschland. Das Deutsche Reich kaufte die Kohlengruben von Frankreich zurück. 1936 besetzte die deutsche Wehrmacht die linksrheinischen Gebiete, in denen laut Vertrag kein Militär sein durfte. Das Grenzland an der Saar gehörte zur Roten Zone, in der Gesichtspunkte der Landesverteidigung vor allem Zivilen Priorität hatten. Im Zuge des Zweiten Weltkriegs erfolgte im Herbst 1939 die erste Evakuierung. Nach dem deutschen Sieg über Frankreich kehrten die Saarländer zurück. Im Herbst 1944 kam dann die zweite Evakuierung. Das Saarland wurde im Winter 1944/45 zum Kriegsgebiet. Im Sommer 1945 löste die französische Militärregierung die USA-Besatzung ab. Am 22. Dezember 1946 zogen die Franzosen eine Zollgrenze zwischen der Saar und Deutschland. Am 8. November 1947 war es soweit: Das autonome, an Frankreich angelehnte Saarland bekam eine eigene Verfassung. Am 23. Oktober 1955 lehnten dann 68 Prozent der Wähler das *Saarstatut* ab, das eine Europäisierung des Landes anstrebte. Das Saarland wurde am 1. Januar 1957, nach entsprechenden Verträgen mit Frankreich, deutsches Bundesland.

Sehenswerte Orte von A bis Z

Ziffern im Kreis verweisen auf die Karte auf Seite 155.

Beckingen ①. Die Gemeinde mit 16 500 Einwohnern gehört zum Landkreis Merzig-Wadern. Vom Ende des 13. Jahrhunderts an bis 1792 war hier eine Komturei des Deutschen Ritterordens. Vom 1803 niedergelegten Schloß sind noch zwei Wohngebäude, ein Tor, ein Laufbrunnen (in der Herrenbergstraße) und Wappensteine (Marcelluskapelle und Haus Talstraße 28) erhalten.

Der Ortskern legt sich ringförmig um den Reihersberg. Alle Orte der Gemeinde laden zum Wandern ein. Reizvolle Wege führen zum Beispiel zum Litermont (413 Meter) und zum Großen Lückner (400 Meter). Im *Dorfmuseum Düppenweiler* ist die Geschichte des Kupferbergwerks von 1725 bis 1916 dokumentiert. Der «Förderverein Kupferbergwerk Düppenweiler» erschließt das Bergwerk in Freizeitarbeit für den Publikumsbesuch. Michel Ney, Marschall von Frankreich (siehe Seite 13 und Seite 154), arbeitete in jungen Jahren in der Verwaltung dieses Unternehmens.

Bexbach ②. Die Stadt ist durch Vereinigung von sechs Gemeinden entstanden. Sie gehört zum Saar-Pfalz-Kreis und hat 19 578 Einwohner. Urkundlich erwähnt ist Bexbach erstmals im Jahre 1219. Seit dem 14. Jahrhundert wurde hier Eisenerz gefördert, seit dem 16. Jahrhundert auch Kohle. 1959 wurden die Bergwerke Bexbach, Frankenholz und Höchen eingestellt. Wichtigste Industrie ist das Kraftwerk, das umweltschonend konzipiert wurde.

Im Bexbacher *Blumengarten* lassen sich Gewürz- und Gemüsebeete entdecken. Das *Heimatmuseum* ist vor allem ein Bergbaumuseum mit einer unterirdischen *Schaubergwerksanlage.* Es wurde im Hindenburgturm von 1934 eingerichtet. Bei schönem Wetter reicht die Sicht bis zu den Vogesen und zum Rhein. Im Museum ist unter anderem der Fuß der Jupiter-Giganten-Säule zu sehen.

Blieskastel ③. Die Stadt mit 22 790 Einwohnern auf 110 Quadratkilometern, ein Viertel des Saar-Pfalz-Kreises, besteht im wesentlichen auf dem Gebiet der alten Herrschaft Blieskastel. Die 14 Stadtteile sind liebenswürdige Dörfer in der Südostecke des Saarlands, Dörfer voller Erinnerungsspuren.

In Blieskastel saßen, schon im Jahr 1098 urkundlich erwähnt, einmal die Bliesgaugrafen. Die Herren wechselten häufig. 1773 verlegte Franz Karl von der Leyen seine Residenz in die Herrschaft, die er bislang nur von Koblenz aus besucht hatte. Seine Gattin Marianne, schon 1775 zur Witwe geworden, baute die Residenz aus. Zwar zerstörten die Sansculotten das Schloß, aber das *Kleine Schlößchen* und die *Hofratshäuser* in der Schloßstraße lassen sich touristisch entdecken, ebenso wie die *Schloßkirche* mit dem von der Leyenschen Grabmal.

Auf dem engen Raum der Residenz stehen auch der *Herkulesbrunnen* von 1691 und der *Schlangenbrunnen* von 1804, eine Schöpfung zu Ehren Napoleons. Im Brunnengäßchen 1, gleich beim Herkules, findet man ein Haus Alt-Blieskasteler Prägung. Der *Mariannen-Weg* (siehe Seite 152), der als Markierung ein Scherenschnittprofil der Reichsgräfin zeigt, führt an allen markanten Punkten der Residenz vorbei.

Die Kirche im Ortsteil Böckweiler war im 12. Jahrhundert Prioratskirche des Hornbacher Klosters. Am Würzbacher Weiher in Niederwürzbach liegt der Annahof, ein Teil von Mariannes Lustschloß *Monplaisir* (1788). Seit 1986 wird das behutsam renovierte Anwesen auch bewirtschaftet, ist kultureller wie gastronomischer Anziehungspunkt.

Viertausend Jahre alt ist der *Gollenstein* auf dem Hohberg oberhalb Blieskastel, der größte keltische Menhir Mitteleuropas. Und

Das Rathaus von Blieskastel liegt an der Ostseite des rechteckigen Paradeplatzes, der in der zweiten Hälfte des 18. Jahrhunderts angelegt wurde.

auch *Römerspuren* findet man auf Blieskasteler Stadtgebiet: Die Reste einer Hausanlage neben der evangelischen Stephanskirche in Böckweiler. Das Original des Grabdenkmals in Bierbach ist freilich in Speyer, am Fundort steht eine Nachbildung. Auch die Originale der beiden Breitfurter Reiterstandbilder stehen im Museum in Speyer; am Fundort begegnen wir ebenfalls Nachbildungen. In Altheim wurde 1974 ein *Merowingerfriedhof* freigelegt, der größte, der bisher gefunden wurde.

Dillingen ④ (22 000 Einwohner) ist eine der drei Städte im Landkreis Saarlouis. Die Pfarrkirche *Sankt Odilia* wird 918 urkundlich erwähnt, der Ort selbst in einer Schutzurkunde Papst Leos IX. von 1050. Der heutige *Saardom Sankt Odilia* wurde von 1910 bis 1913 erbaut. Das *Schloß* am Hüttenwerk war ursprünglich eine Wasserburg der Grafen von Siersburg. In der Renaissance wurde es überbaut. Dann gestaltete Balthasar Wilhelm Stengel es für das junge Herzogtum Dillingen (1788 bis 1793) im barocken Stil. Ludwig von Nassau-Saarbrücken hatte das Herzogtum für Katharina Kest («Gänsegretel»; siehe Seite 154), seine Geliebte und spätere Ehefrau, mit Bourbonenhilfe kreiert. 1685 wurde die Hütte gegründet, dort, wo jetzt noch immer die Hochöfen arbeiten, für alle Stahlverarbeiter an der Saar. Im Barockflügel des *Museums Altes Schloß* kann man die Geschichte der Herrschaft und der Hütte Dillingen erkunden, im Museum in der Fischerstraße 2 im Stadtteil Pachten sind Ausgrabungen und viele Kleinfunde aus der römischen Zeit des Ortes zu finden, der im 4. Jahrhundert als *Contiomagus* entstanden war. Die Kirche Sankt Maximin, auf einem alten Kultplatz gebaut, zeigt an der Außenwand Sitzsteine aus dem römischen Tempeltheater.

Friedrichsthal ⑤. Im *Stadtverband Saarbrücken* ist Friedrichsthal, im oberen Sulzbachtal gelegen, nördlicher Nachbar von Sulzbach

und das Stadtverbandsmitglied mit der kleinsten Fläche (9 Quadratkilometer) und mit der höchsten Bevölkerungsdichte, nämlich 1327 Einwohner pro Quadratkilometer.

Es fing mit einer Glashütte im Jahre 1723 an. Sie spezialisierte sich im 19. Jahrhundert auf Fenster, auf Schaufenster vor allem. Vor dem Ersten Weltkrieg gab es im Ort dreißig Bergwerksschächte. In Bildstock findet sich der *Rechtsschutzsaal* des Bergmanns Nikolaus Warken (1851–1920; siehe Seite 149), von dem erste gewerkschaftliche Impulse – aus saarländisch-katholischer Wurzel – kamen. «Eckstein», wie die Kollegen ihn nannten, führte im Winter 1892 den ersten Streik.

Links: Die Gestaltung des Odilienbrunnens auf dem Odilienplatz in Dillingen erinnert an einen japanischen Steingarten.

Mitte: Der Saardom in Dillingen wurde von 1910 bis 1913 im neoromanischen Stil erbaut.

Rechts: Gutbürgerlich ißt man im «Homburger Hof» in Homburg.

Man kann die Industriegeschichte der Stadt erwandern – die Markierung des Wegs: Hammer und Schlegel.

Das Mundloch des Bildstocktunnels ist ein Stück Industriearchitektur der ersten Gründerjahre.

Gersheim ⑥. Die Bliesgaugemeinde, nach Kleinblittersdorf die südlichste Gemeinde des Saarlands, hat 7101 Einwohner in elf Ortsteilen. Der Ortsteil Peppenkum soll seinen Namen vom Karolinger Pippin haben.

Doch die Kelten waren früher da. Glanzstück im *Europäischen Kulturpark Bliesbruck-Reinheim* ist das Grab einer keltischen Fürstin (um 400 v. Chr.). Außerdem sind beiderseits der Grenze eine Thermalanlage (1.–3. Jahrhundert) und ein Siedlungskern zu sehen. Bliesbruck liegt im Nachbarland Frankreich. Die Bauten der Gallo-romanen werden noch immer grenzübergreifend freigelegt, und der Tourist kann dabei zusehen.

Im Mittelalter strahlten die Klöster Herbitzheim im Elsaß und Hornbach im Zweibrücker Westrich in den Bliesgau aus. Der Turm der *Pfarrkirche* von Reinheim ist nahezu 1000 Jahre alt, das

Kirchenschiff stammt von dem Leyenschen Hofbaumeister Peter Reheis. Auch die Kirche in Medelsheim verdient Beachtung. In Gersheim selbst blühen die Orchideen des Saar-Pfalz-Kreises besonders dicht, 29 Arten dieser lang blühenden Liliengewächse hat man auf dem Muschelkalkgelände schon entdeckt. Betreten werden darf das Naturschutzgebiet jedoch nur unter Führung.

Homburg ⑦. Die Siedlung wurde schon in karolingischen Urkunden erwähnt, die Festung im Jahre 1123, das Stadtrecht am 27. Juli 1330 verliehen. Ludwig XIV. ließ unter seinem Baumeister Sébastien le Prestre de Vauban die Festung ausbauen. Vor 1920 war die Stadt Sitz eines pfälzischen Verwaltungsbezirks. Im Saar-Pfalz-Kreis, dessen Kreisstadt Homburg ist, wohnen 155 834 Menschen auf einer Fläche von 420 Quadratkilometern, also 371 Einwohner pro Quadratkilometer. Die Kreisstadt selbst hat 44 450 Einwohner.

Von 1778 bis 1785 ließ Karl August II. von Zweibrücken *Schloß Karlsberg* an die Stelle der alten Festung bauen. «Tränenberg» nannten die Menschen das Schloß – der Untertanenplackerei wegen. Die von den Truppen der Französischen Revolution verschonten Überreste sind heute Teil des «Schloßberg-Hotels», von dem aus man einen eindrucksvollen Panoramablick genießen kann. Das Hotel ist Tagungs-, Konferenz- und Erholungsstätte. Unterirdische Attraktion: die *Schloßberghöhlen.* Sie sind die größten Buntsand-

steinhöhlen Mitteleuropas. Nachdem Höhle und Stollen lange unbeachtet geblieben waren, «entdeckte» man die Höhlengänge und -stollen 1932 für die Öffentlichkeit neu. In der *Gustavsburg* am Schloßweiher findet am letzten Wochenende im Juli die Hubertusmesse statt. In der Parklandschaft um den Schloßweiher laden Freizeiteinrichtungen wie Minigolf und Wasserkarussel ein.

Die Karlsbergbrauerei hat sich 1988 der Kulturförderung angenommen. Es werden kleinere und größere Veranstaltungen unterstützt. Mit der «edition Karlsberg» erscheint eine Buchreihe von hoher gestalterischer Qualität.

Die Uniklinik Homburg ist Keimzelle der Universität des Saarlands.

Schwarzenacker, der alte Siedlungskern, liegt im Süden des Stadtgebiets, nördlich von Einöd, östlich von Wörschweiler und nahe der Landesgrenze und dem pfälzischen Zweibrücken. In Schwarzenacker haben Ausgrabungen ein «ganzes Gemeinwesen» der Römer ans Licht gebracht, so der Saarlandkenner Fred Oberhauser, mit Werkstätten, Wasserleitung und überdachten Bürgersteigen. Im *Freilichtmuseum* am Ausgrabungsort können die Überreste aus der Römerzeit, darunter das *Haus des Augenarztes*, und Spuren einer Besiedlung in der Bronzezeit besichtigt werden. Die römische Schenke ist nach zweitausendjähriger «Unterbrechung» wieder in Betrieb genommen und kann besucht werden.

Illingen ⑧. Die Gemeinde im Landkreis Neunkirchen hat 19 900 Einwohner. Die *Wasserburg Kerpen*, erbaut 1100, wurde im Dreißigjährigen Krieg und 1677 völlig zerstört. Dann bediente man sich bei bürgerlichen Bauvorhaben. Jetzt lädt die Burg mit erhaltenen Teilen der Umfassungsmauer und mit wiederhergestelltem Rundturm zu Festen ein, zum Beispiel zum Illinger Burgfest für Neue Musik.

Im Oktober jeden Jahres findet die *Zigeunerwallfahrt zur Bergkapelle* statt, die Sintis aus ganz Europa anzieht. Ins Leben gerufen wurde sie durch den Illinger Bürger Franz Lehmann im Jahre 1955. Er hatte im Dritten Reich Haft und Leben der Sinti geteilt.

Im *Elektromuseum* der «Vereinigte Elektrizitäts AG» (VSE) in der Gymnasialstraße ist die Entwicklung von Haushaltsgeräten, Elektromotoren oder Rundfunkgeräten dokumentiert. Außerdem werden Gegenstände und Dokumente zur Geschichte der VSE gezeigt.

Kirkel ⑨. Burggemeinde nennt sich diese Kommune, und sie hat nur die drei Ortsteile Altstadt, Kirkel-Neuhäusel und Limbach. Der Ortsname kommt von *circulus*, dem lateinischen Wort für Kreis: Der Kernort Neuhäusel legt sich nämlich ringförmig um den Kegelberg mit der Reichsfeste, die 1677 während der Reunionskriege von den Franzosen zerstört wurde. Beim Burgturm der Ruine, dem Wahrzeichen der Gemeinde, liegt das *Heimat- und*

Links oben: Unweit von Blieskastel, inmitten herrlicher Eichen- und Buchenwälder liegt auf einem Bergkegel die Ruine der Burg Kirkel aus dem 12. Jahrhundert.

Links unten: Das ehemalige fürstliche Jagdschloß Ludwigs von Nassau-Saarbrücken in Fürstenhausen.

Oben: Die Basilika Sankt Johann (1754–1758) in Saarbrücken wurde in den siebziger Jahren renoviert. Die Seitenaltäre und die Kanzel sind Bestandteile der Originalausstattung.

Burgmuseum: Die Geschichte der Burg ist hier dokumentiert und das Leben der Tagelöhner im 18. Jahrhundert. Die Funde aus der Zeit der Galloromanen kommen dabei nicht zu kurz.

Kleinblittersdorf ⑩. Dies ist die südlichste Gemeinde des Stadtverbands Saarbrücken und des Saarlands überhaupt. Hier läßt sich's wandern wie im Bliesgau, zu dem Kleinblittersdorf ja eigentlich gehört. Im Jahre 777 vermachte Abt Fulrad von Sankt Denis die Orte Auersmacher, Kuchlingen und Kleinblittersdorf seiner Abtei: Zum 1200jährigen Bestehen, im Jahre 1977, wurde eine Gedenktafel an der *Kuchlinger Kapelle* angebracht, die dort steht, wo einst das Dorf Kuchlingen lag, das im 15. Jahrhundert untergegangen ist.

Südlichster Ortsteil von Kleinblittersdorf ist Rilchingen-Hanweiler, wo Marianne von der Leyen eine solehaltige Quelle erschließen ließ. Eigentlich hatte sie nur Salz gewinnen wollen. Doch dann zeigte das Wasser Heilkraft. Und so gibt es seit 1841 das Heilbad Bad Rilchingen. Die beiden Quelltürme der Reichsgräfin sind noch zu sehen.

Losheim ⑪. Die Gemeinde hat zwölf Ortsteile, 14 391 Einwohner und eine Fläche von 96 Quadratkilometern. Sie ist eine Hochwaldgemeinde mit vielen Wander- und Erholungsmöglichkeiten. Der 31 Hektar große Losheimer Stausee wurde 1974 eröffnet, ein Anziehungspunkt für Wassersportler, Luft- und Sonnenhungrige.

Der Ort ist als *villa losma* 896 erstmals belegt. Frühkeltische Hügelgräber liegen im Wald Hascheid nordöstlich des Orts.

In Rissenthal, einem abgelegenen Dörfchen in einer Talmulde, findet man das Geburtshaus des katholischen Philosophen Peter Wust (siehe Seite 155). Es wurde restauriert und ist Besuchern zugänglich. Die Peter-Wust-Gesellschaft, die dieses Häuschen der Siebmacherfamilie Wust betreut, hat im *Schlößchen* in der Saarbrücker Straße in Losheim ein Archiv eingerichtet.

Mandelbachtal ⑫. Der Name ist schon 1239 beurkundet und geht auf ein altes Wort für Weiden zurück. Bei der Gründung der Großgemeinde 1974 griff man auf den alten Namen zurück. Mandelbachtal hat 11 722 Einwohner. Nördlich des zur Gemeinde zählenden Dorfs Bliesmengen-Bolchen liegt der Ort Gräfinthal, in dem die Französische Revolution ein Wilhelmitenkloster zerstörte, ohne jedoch die Stätte als Wallfahrtsort auslöschen zu können. Seit 1992 leben Benediktiner aus den Niederlanden dort. Das Gnadenbild, das Gräfinthal einmal zum Wallfahrtsort machte, ist in der Wallfahrtskapelle Auf dem Han zu sehen.

Wer Mandelbachtal ganz erleben und keine der schönen Dorfkirchen auslassen möchte, und wer außerdem die Blies als offene

Grenze und Wanderstrecke zugleich erfahren will, der vertraue sich dem Gräfinthaler Wanderweg (siehe Seite 152) an. Wegmarkierung: blaue Lilie. Die lothringischen Dörfer Frauenberg und Bliesschweyen lassen sich über eine Fußgängerbrücke erreichen.

Merzig ⑬. Die Kreisstadt hat 29 636 Einwohner in 17 Ortsteilen, auf einer Fläche von 109 Quadratkilometern. Der Landkreis Merzig-Wadern, der flächengrößte im Saarland, reicht vom Hochwald

bis an die luxemburgische Grenze. Einzige Stadt neben Merzig im Kreisgebiet ist Wadern. Außerdem gibt es noch fünf Gemeinden.

Der gallorömische Kern Merzigs im ansiedlungsfreundlichen Saartalbecken hieß *villa Marciacum* oder *villa Martia.* Dann wäre Merzig dem Kriegsgott Mars geweiht.

Im Jahre 870 schenkte Karl der Kahle dieses Merzig dem Bischof von Trier. Viele Jahrhunderte hindurch, bis 1792, war es Verwaltungssitz eines trierisch-lothringischen Kondominiums (siehe Seite 43). Das Stadtrecht hat Merzig seit 1825. Der Ortskern lag im Seffersbachgebiet, das in den siebziger Jahren städtebaulich neu gestaltet wurde. Das *Mühlrad* erinnert noch daran, daß sich auf der kurzen Bachstrecke einmal zwanzig Räder drehten. Am Seffersbach, wo der Wochenmarkt abgehalten wird, steht das Denkmal für den Merziger Dichter Gustav Regler (siehe Seite 155) von Paul Schneider. Der schifförmige Stein hat eine Regenwassermulde als Tränke für Vögel; er will keine Denkmalsfeierlichkeit erzeugen.

Der Vorgängerbau von *Sankt Peter* wurde um 1200 von den Wadgasser Prämonstratensern errichtet. Sankt Peter heute hat ein Barockbaumeister täuschend authentisch im romanischen Stil geformt, wie Hans-Günther Marschall 1988 nachwies. In Merzig zu sehen ist zudem, in der Trierer Straße 97, das Wohnhaus von Christian Kretzschmar, der von 1727, als er aus Sachsen kam, bis zu seinem Tod im Jahre 1768 Merzig und Mettlach architektonisch

prägte. Das *Staadt-Marxsche Bürgerhaus* neben dem *Alten Rathaus* ist von ihm und nicht zuletzt die *Harlinger Kapelle.* Harlingen liegt südlich der Stadt auf dem Hohberg. Auch das Schlößchen Hilbringen auf einer Anhöhe in der Ortsmitte ist ein Kretzschmar-Bau, aus dem Jahre 1745 für die Juristenfamilie de Maurice.

In Merchingen und Brotdorf baute der Tiroler Clemens Holzmeister die Dorfkirchen im expressionistischen Stil. In Bietzen auf der Höhe zieht der *Sonnen-Lerchen-Hexen-Stein* von Paul Schneider, dem Schöpfer des Reglerdenkmals und Initiator von «Steine an der Grenze» (siehe Seite 152), das Interesse von Kunstfreunden und Touristen auf sich.

Links: Die Heilig-Kreuz-Kapelle steht in Merzig.

Mitte oben: Liutwinuskirche in Mettlach.

Mitte unten: Im Innenhof der Alten Abtei von Mettlach.

Mitte unten: Das Alte Rathaus in Merzig, ursprünglich Jagdschloß des Kurfürsten von Trier.

Rechts: Büste Eugen von Bochs, Mitglied der Fabrikantenfamilie Boch.

Die Merziger Wölfe im Kammerforst beim Schützenhaus sind durch die Verhaltensforschungsprojekte von «Wolfsvater» Elmar Freund bekannt geworden, der eng vertraut mit seinen Tieren ist.

Mettlach ⑭. Mettlach liegt Besseringen ganz nahe, ist aber durch die markante Besseringer Höhe von ihm getrennt. Die B 51 überquert sie, die Bahn unterläuft sie. Und die Saar, die ja zuerst da war, umgeht diese Höhe, nimmt aber dann wieder ihre ursprüngliche Richtung an: Die *Saarschleife* gilt als einer der landschaftlichen Glanzpunkte des Landes, gar nicht selten auf Briefmarken und Plakaten dargestellt. Man kann sie von unten, von Dreisbach oder von Mettlach aus erkunden oder vom Aussichtspunkt *Cloef* bei Orscholz den Blick hinunter ins Tal auf die Saarschleife genießen. Für die Strecke zwischen oben und unten nimmt man am besten den Weg durch das *Steinbachtal*, vorbei an Felsen und stürzendem Wasser.

Die Ortsteile Bethingen, Dreisbach, Faha, Keuchingen, Saarhölzbach, Orscholz, Tünsdorf, Wehingen sind rund um Mettlach und die Saarschleife gruppiert, landschaftlich reizvoll alle, auch

der Mettlacher Kessel, der die Keramikfreunde interessieren dürfte. Die *Benediktinerabtei* wurde 695 gegründet. Der Barockbau, den Christian Kretzschmar den Mönchen wenige Jahre vor der Schließung der Abtei schuf, dient seit 1809 der Keramikmanufaktur, zunächst auch als Unterkunft. Der *Alte Turm*, vermutlich Teil einer Kirche aus der Zeit um 990, ist gerade gründlich restauriert worden. Man findet ihn rechts neben dem Barockbau im Park.

Die Firma *Villeroy & Boch* hat ein Vierteljahrtausend Wirtschafts-, Kultur- und Sozialgeschichte der Region geschrieben; jetzt ist das alte Familienunternehmen eine Aktiengesellschaft. Besucher können sich in der Multimediaschau *Keravision* über Design und Produktion dieser saarländischen Firma von Weltruf unterrichten.

Schloß Ziegelberg, nördlich der Mosaikfabrik, über die Siebendstraße zu erreichen, zeigt Keramik aller Kulturkreise und Epochen in 12 000 Exponaten.

Die *Burg Montclair* auf dem Bergrücken der Saarschleife, von Mettlach aus gut zu erwandern, hat eine verwickelte Bau- und Zerstörungsgeschichte. Die 1180 begonnene Feste hatte Vorläufer. 1993 wurde die Ruine saniert und befestigt.

Beim Ferienort Orscholz befindet sich das Reha-Zentrum Saarschleife, ein Stück moderner Klinikarchitektur, dessen Grundriß das Motiv Saarschleife aufnimmt.

Neunkirchen ⑮. Der Landkreis wurde 1816 gegründet und hieß lange Zeit Ottweiler. Er liegt mitten zwischen den Nachbarkreisen Sankt Wendel, Saarlouis und Saar-Pfalz-Kreis. Hier leben 602 Einwohner pro Quadratkilometer. Zwei Drittel der Gesamtfläche des Kreises – 249 Quadratkilometer – sind bewaldet.

Die gewerbefleißige Stadt, zweitgrößte des Saarlands, entwickelte sich im schmalen Tal, weil Holz, Erz und das Wasser der Blies dazu herausforderten. 1593 gab es das erste Eisenwerk. 1770

war hier der junge Goethe zu Besuch (siehe «Dichtung und Wahrheit», zehntes Buch). 1806 kauften die Gebrüder Stumm aus dem Hochwalddorf Abentheuer die Eisenhütte. Jetzt steht ihnen zu Ehren das Denkmal des Carl Ferdinand Freiherrn von Stumm-Halberg mit Amboß und Glutzange (siehe Seite 155) vor dem Saarpark-Center, wo bis 1982 das stadtbekannte Werk der Brüder arbeitete. Im Rathaus in der Oberen Marktstraße ist ein Plan «Neunkircher Hüttenweg» mit Wegbeschreibung zu haben. Er beginnt auf dem Parkplatz Boxbergweg und führt den Besucher auf rund vier Kilometern an den Relikten des Werksgeländes vorbei bis zur Lutherstraße, wo *Christuskirche* und *Karl-Ferdinand-Haus* zu sehen sind. Die Stationen sind gut beschildert: Meisterhäuser (Königsstraße), Hochofen II und VI, Gebläsehaus, Wasserturm, Reithalle, Hammergraben, Stummsche Kapelle, Parkweiher, Stummsche Begräbnisstätte, Hüttenschule, Denkmal.

Ein besonderer Schatz im *Museum im Bürgerhaus* sind die vielen heimischen Takenplatten. Im *Hofgut Furpach* gibt es kulturelle Veranstaltungen. Hier spielt zum Beispiel das Kabarett Hoftheater. Ebenfalls in Furpach: Das *Robinsondorf*.

Die Stadt, in der eine innovative Feinstahlstraße arbeitet und die seit 1992 einen Designerpreis kennt, zeigt sich ansprechend und vielseitig, etwa mit der sommerlichen Veranstaltungsreihe Neunkircher Nächte.

Nohfelden ⑯. Die Großgemeinde des Landkreises Sankt Wendel hält die Nordspitze des Saarlands. Von der 1285 zum erstenmal erwähnten Burg sind neben dem das Ortsbild dominierenden *Turm* die *Ringmauer* und der *Ziehbrunnen* erhalten. Von 1815 bis nach dem Zweiten Weltkrieg gehörte Nohfelden zu Birkenfeld, war also vor dem Zweiten Weltkrieg oldenburgisch.

Vor allem aber gehört der *Bostalsee*, mit 120 Hektar Wasserfläche der größte Stausee Südwestdeutschlands, zum Gebiet der Gemeinde Nohfelden. Am Westufer des Sees liegt das *Wellenhallenbad Bosarium*. Am Bostalsee, der 1979 freigegeben wurde, sind zahlreiche Wassersportarten möglich, und auch das sonstige Freizeitange-

Saarbrücker Impressionen: Reiterdenkmal zu Ehren des 7. Ulanenregiments (links); die Grabstätten Johanns III. und seiner beiden Ehefrauen in der Stiftskirche Sankt Arnual (Mitte unten) …

... Im Restaurant «Zum Stiefel» (Mitte oben); das Gebäude des Saarländischen Rundfunks auf dem Halberg (rechts); im Saarbrücker Schloß (Mitte unten).

bot läßt nichts zu wünschen übrig. In Walhausen, drei Kilometer östlich des Sees, steht der 4000 Jahre alte *Menhir Obelix*, der erst im Sommer 1984 entdeckt und ausgegraben wurde.

Nonnweiler ⑰. Der *Stausee* am Fuße des Kahlenbergs (564 Meter) lädt Wanderer zum Zwölfkilometerrundweg ein, der im Norden auf rheinlandpfälzisches Gebiet führt. Wassersportmöglichkeiten bietet der See nicht. Otzenhausen, östlich von Nonnweiler, hat im *Hunnenring* einen besonderen Touristenanziehungspunkt: die gut erhaltene Grundstruktur einer riesigen Ringwallverteidigungsanlage der keltischen Treverer.

Die international bekannte *Europäische Akademie Otzenhausen* ist eine Tagungsstätte mit qualifizierten Freizeiteinrichtungen.

Ottweiler ⑱. Das Chorherrenstift Neumünster des Chrodegang im Jahr 871 war der Beginn. Die Reformation 1576 machte Schluß mit den Chorherren, aber auch mit den Nonnen, die ihnen 1005 gefolgt waren. Das Stadtrecht bekam Ottweiler 1550, doch als Residenz geprägt wurde es von Friedrich Joachim Stengel, dem

Saarbrücker Baumeister Fürst Wilhelm Heinrichs. Er baute zum Beispiel den *Pavillon* in der Straße Herrengarten nahe dem Landratsamt, das ehemalige Witwenpalais der Nassau-Saarbrücker Herren. Dem Turm der evangelischen *Stadtkirche* sieht man seine Festungsaufgaben von ehedem an. Das *Hesse-Haus* am Schloßplatz, das herrschaftliche Amtshaus von 1550, sollte man beachten und das *Alte Rathaus* von 1750.

Rund drei Jahrzehnte, bis 1789, arbeitete die Ottweiler Porzellanmanufaktur. Designimpulse wirkten über Saargemünd und Frauenberg bis nach Mettlach. Neben dem *Heimatmuseum* ist das *Fastnachtmuseum* im Alten Rathaus sehenswert. Im Stadtteil Fürth ist ein Rundgang durch das *Schulmuseum* und zu den beiden Getreidemühlen sowie der Ölmühle lohnenswert. Auch der *Alte Glockenturm* und die *Brücke* aus dem 16. Jahrhundert verdienen Aufmerksamkeit.

Als Reichsgräfin von Ottweiler hielt Katharina Kest, spätere Herzogin von Dillingen, hier Hof.

Perl ⑲. Die saarländische Moselgau- und Weingemeinde hat 14 Orte. Die Pfarrei Perl ist im 8. Jahrhundert gegründet worden. In Borg, an der Straße nach Oberleuken, kann man die *Römische Villa* besuchen, die etwa drei Jahrhunderte lang bis ins 4. Jahrhundert bewohnt war. 33 Räume wurden in den letzten Jahren freigelegt, zu

sehen sind nun Deckenmalereien, Bodenmosaiken und Bodenheizungsanlage.

Der *Mosaikfußboden* einer römischen Villa in Perl-Nennig hat eine Fläche von 161 Quadratmetern, er ist der größte nördlich der Alpen. Seine Bilder erzählen Geschichten.

Von *Schloß Berg* in Perl-Nennig liegen erste Zeugnisse aus dem 12. Jahrhundert vor. Jetzt ist es Hotel und Casino, mit einem eindrucksvollen kulinarischen Angebot.

Saarbrücken ⑳. Im Jahre 999 wurde das Hochstift Metz Herr der Burg an der Saar. 1381 faßte das Haus Nassau hier Fuß. 1316 wird Saarbrücken zum erstenmal Stadt genannt. Die Nassauer Herrscher sorgten für eine gemeinsame Verwaltung der durch die Saar getrennten Orte Saarbrücken, links, und Sankt Johann, rechts des Flusses. Von 1859 bis 1909 lebten die Nachbarkommunen getrennt und in Verwaltungsfehde. Dem damaligen Geschäftsführer der Industrie- und Handelskammer, Alexander Tille, gelang der Zusammenschluß durch Bürgerwillen. Der ehemalige Kreis Saarbrücken, der für ein paar Jahre Völklingen hieß, wurde 1974 zum *Stadtverband Saarbrücken*, dessen Gemeinden sich halbkreisförmig um die Großstadt legen. Auf dem Gebiet des Stadtverbands lebt ein Drittel aller Saarländer, und die Hälfte aller Arbeitsplätze ist hier zu finden. Immerhin sind 41,5 Prozent der 410 Quadratkilometer Stadtverbandsfläche Wald, 27,6 Prozent werden landwirtschaftlich genutzt: Der typisch saarländische Verbund von Dörflichkeit und Industriekulisse ist gerade auf dem Gebiet des Stadtverbands zu Hause.

Das *Rathaus* von Georg Hauberrisser, dem Architekten auch des Münchener Rathauses, 1900 eingeweiht, war als Ausdruck des Bürgerstolzes konzipiert. Das *Alte Rathaus* auf dem Schloßplatz, das ursprünglich saarbrückische, wurde von Friedrich Joachim Stengel erbaut. Jetzt sind dort Stadtverband und Volkshochschule untergebracht. Auch der *Saarkran* an der Wilhelm-Heinrich-Brücke ist eine Stengel-Schöpfung – oder zumindest ein exakter Nachbau (1990) des Krans von 1769.

Theater wird in Saarbrücken nicht nur im *Staatstheater* gespielt, sondern auch in der *Alten Feuerwache* am Landwehrplatz. Der Bau des großen Hauses des Staatstheaters stammt von 1938 und ist nach den Kriegszerstörungen von Gottfried Böhm behutsam neu gefaßt worden. Der Bau der *Modernen Galerie*, in den sechziger Jahren von dem Sankt Ingberter Architekten Hanns Schönecker geschaffen, ist unaufdringlich dezent. Er steht ganz im Dienst der Aufgabe, Kunst zu zeigen. Vor dem Krieg gab es noch keine Sammlung moderner Kunst im Land. Die *Stadtgalerie* am Sankt Johanner Markt mit dem *Kulturcafé* ist jüngsten Kunstentwicklungen auf der Spur. Man wird hier mit kreativen Antworten auf Weltvernetzung und Weltver-

An der Saar in Saarbrücken zwischen der Alten Brücke, die auf die Schloßkirche zuläuft (links), und der Wilhelm-Heinrich-Brücke ...

... in deren unmittelbarer Nähe der Saarkran steht (rechts), ein exakter Nachbau von Stengels Originalkran aus dem Jahr 1769.

schleiß heute und morgen konfrontiert. Gegenüber der Modernen Galerie befinden sich die *Alte Sammlung* mit Kunst, Keramik und Mobiliar Südwestdeutschlands vom Mittelalter bis zur frühen Neuzeit, und die *Landesgalerie*, die Kunst des 20. Jahrhunderts, darunter auch Fotografie, zeigt. Das *Regionalgeschichtliche Museum* im Schloß informiert über Wirtschafts- und Sozialgeschichte, nicht zuletzt über Widerstand und Verfolgung zwischen 1935 und 1945. Die Strecke zwischen Schloß und Ludwigsplatz geht man am besten zu Fuß. So läßt sich gut erkennen, wie stark dieser Kern Saarbrückens von Friedrich Joachim Stengel geprägt ist und wie sehr man sich beim Wiederaufbau in dessen Barockkonzept eingefühlt hat. Das Zentrum des noblen Rechteckplatzes mit der Staatskanzlei bildet die *Ludwigskirche*. Die *Hochschule für Bildende Künste Saar*, die am Westteil des Platzes liegt, ist in einem gut restaurierten Barockbau untergebracht, der einst das Armen-, Zucht- und Arbeitshaus war. Diese junge Institution, die nicht zuletzt Designer ausbildet, hatte zwei Vorgänger, die um die Horizonte einer weltoffenen Kunstausbildung zweimal während ihres Bestehens zu kämpfen hatten, in den dreißiger und in den fünfziger Jahren, beide Male unter dem Vorzeichen einer als national definierten Kultur.

Saarlouis ㉑. Die Stadt mit dem Sonnenwappen ihres Gründers Louis XIV. feierte 1980 ihr 300jähriges Bestehen. Der Festungsgrundriß, das Königliche Sechseck, ist Symbol für eine Stadt, die Monarchenwille erzwang, in der gleichwohl Urbanität zu Hause ist. Dem *Großen Markt*, einst Exerzierplatz der Festung, hat Hans Jörg Schu ein ganzes Buch gewidmet.

Die Stadt ist im Dezember 1944 völlig zerstört worden. Restauriert wurde in Schwerpunkten, zum Beispiel die Hauptpost am Großen Markt, einst Kommandantur, die nach 1970 vollständig abgerissen und originalgetreu neu errichtet wurde. Auch die *Kasernen* aus Festungszeiten gehören zur erfreulichen Architektur. In Kaserne VI mit den schönen Deckengewölben sind das *Stadtmuseum* und die *Stadtbücherei* eingezogen. In der Bierstraße 11 lädt das Geburtshaus von Michel Ney ein (siehe Seite 13 und Seite 154), wo Vater Ney das Küferhandwerk betrieb und jetzt die *Auberge Maréchal Ney* Gastlichkeit offeriert. Das Ney-Denkmal steht auf dem «Halben Mond» im Saaraltarm, der einst Festungsgraben war. Auch der «standhafte» Soldat Lacroix, der seinen Posten selbst dann nicht verließ, als die Preußen vertragsgemäß anrückten, ist hier als Standbild vertreten. Im *Museum Ludwig für Internationale Kunst des 20. Jahrhunderts* werden wechselnde Ausstellungen gezeigt.

Sankt Ingbert ㉒. Die Stadt im Westrich (Saar-Pfalz-Kreis) umfaßt mit ihren Ortsteilen Reichenbrunn und Sengscheid den Kirkeler Wald von Süden her.

888 wird der Ort unter dem Namen *Lantolvinga*, 1174 zum erstenmal als Sankt Ingbert urkundlich erwähnt. 1657 fällt er der Familie von der Leyen zu. Stadtrechte verlieh der Bayernkönig Ludwig I. im Jahre 1829. Das erste Eisen wurde hier 1733 geschmolzen. Von 1772 an gab es auch eine Glasbläserei. Von 1730 bis 1959 wurde Kohle gefördert. Doch bis heute gibt es in der nun grubenlosen Stadt eine Bergkapelle. An der Straße Alte Schmelz, nördlich der Bahn und südlich der Dudweilerstraße, findet der Spaziergänger die älteste *Werkssiedlung* und nicht weit davon entfernt den ältesten Industriebau des Landes, die *Möllerhalle* von 1750. Bauliche Dokumente der Montanzeit sind der Stollenmund des *Rischbachstollens* und die Werkssiedlung *Alte Schmelz*. In der Glashüttenstraße östlich vom Bahnhof sind noch acht der schieferverkleideten alten Glasmacherhäuser erhalten. Eine Glasmachersiedlung der frühen zwanziger Jahre liegt an der Blieskasteler Straße östlich vom Bahnhof. Von 1927 stammt das *Sudhochhaus* des Architekten Hans Herkommer. Im Museum am Markt 7, dem alten Landratsamt, ist das Werk des am 21. April 1878 in Sankt Ingbert geborenen Malers Albert Weisgerber zu sehen. Auch Fritz Zolnhofer (1896–1965), ein Maler der heimischen Industrielandschaft, war hier zu Hause.

Südwestlich der Stadt bei Sengscheid ragt der Große Stiefel in die Höhe (398 Meter). Unweit davon findet man den keltischen Menhir *Spellenstein* in Rentrisch. Im Sengscheider Wald sind *«Hänsel und Gretel»*, ein galloromanisches Götterrelief, zu bewundern.

Sankt Wendel ㉓. Die Kreisstadt mit 28 000 Einwohnern liegt im nördlichen Bliestal 285 Meter über dem Meeresspiegel, der *Bosenberg* im Westen ist 485 Meter hoch. Der Landkreis Sankt Wendel im Saar-Nahe-Bergland ist der nordöstlichste des Landes. Er hat eine Gesamtfläche von 476 Quadratkilometern und etwa 94 000 Einwohner. Rund 60 Prozent der Kreisfläche werden landwirtschaftlich genutzt. Die Stadt wird 1291 zum erstenmal urkundlich erwähnt, Stadtrecht erhielt sie 1332.

Von 1815 bis 1834 war der größte Teil des Kreises coburgisch. Als 1919 in Versailles das Saargebiet zurechtgeschnitten wurde, blieb der Norden des Kreises mit 3000 Einwohnern beim Reich. 1946 kam das ganze Gebiet zur Saar, erweitert um Tholey, Nonnweiler und ein Stück des Kreises Birkenfeld. Die Gemeinden des Landkreises Sankt Wendel sind: Freisen, Marpingen, Namborn, Nohfelden, Nonnweiler, Oberthal, Tholey. Die Stadt grenzt im Westen an Marpingen, im Süden an Ottweiler und im Osten an Rheinland-Pfalz.

Auf dem Wendalinus-Weg kann man von Tholey aus bis zur *Wendalinus-Basilika* in der Stadtmitte wandern (siehe Seite 152), wo der Schutzpatron aus der Merowingerzeit bestattet ist. In der Basilika begegnet man auch dem Stadtwappen des Nikolaus von Cues. Das *Rathaus* südlich vom Dom war einmal das Coburger Schloß. Das *Missionshaus* im Osten über der Stadt erreicht man über die Missionshausstraße, vorbei an der *Wendalinuskapelle* (1755). In der Balduinstraße stehen die *Magdalenenkapelle* und der *Wendalinusbrunnen.* Das Museum im *Mia-Münster-Haus* (In der Mott) zeigt vor- und frühgeschichtliche Funde, Zeugnisse zur Stadtgeschichte und zum Namenspatron Sankt Wendalinus. Außerdem finden Wechselausstellungen mit Gegenwartskunst statt. Die «Straße der Skulpturen» ist hier ebenfalls gut dokumentiert. Parallel zur Bahnhofstraße verläuft die Mia-Münster-Straße mit dem *Adolf-Bender-Zentrum*, in dem ein Archiv beherbergt ist und in dem Ausstellun-

Links: Das Rathaus am Großen Markt in Saarlouis ist ein typisches Gebäude der fünfziger Jahre. Im Inneren befindet sich der Gobelinsaal, in dem kostbare Wandteppiche und barocke Sessel gezeigt werden, die von dem Stadtgründer Ludwig XIV. stammen.

Mitte: Durch Erosion aus einem Tischfelsen geformt wurde der «Große Stiefel» bei Sankt Ingbert, ein Wahrzeichen der Saarpfalz.

Rechts: Im Garten des Benediktinerklosters in Tholey steht dieses Gartenhäuschen mit welscher Haube.

gen zur Zeit- und Demokratiegeschichte stattfinden. Der Rechtecksaal der evangelischen Kirche in Niederlinxweiler wurde 1775 von Wilhelm Balthasar Stengel, dem Sohn Friedrich Joachim Stengels, entworfen. Das *Dorfmuseum* im Ort gibt Einblick in die Flachsverarbeitung.

In Sankt Wendel beginnt die 18 Kilometer lange «Straße der Skulpturen» entlang dem Saarland-Rundwanderweg. Leo Kornbrust, 1929 in Sankt Wendel geboren, legte 1972 mit dem «*Steinbildhauersymposion*», einem Gelände mit heute 16 Plastiken nördlich des Orts, den Grundstock. Die Skulpturenstraße ist dem jüdischen Maler Otto Freundlich gewidmet, der 1943 im Konzentrationslager Majdanek ermordet wurde. Er hatte die Einbettung dialogfähiger Plastik in die Natur angestrebt.

Sulzbach ㉔. Die Stadt mit 19 840 Einwohnern liegt an der schmalsten Stelle des dicht besiedelten Sulzbachtals und hat 1230 Einwohner pro Quadratkilometer.

1536 ist die erste Kohlenförderung erwähnt. Die Saline arbeitete von 1562 bis 1736. Mit der Alaunhütte Wilhelm Heinrichs von Nassau-Saarbrücken begann die Industrialisierung. In der Mühlenstraße südlich vom Markt wurde das neue *Kulturzentrum* mit einer Stadtbücherei im restaurierten *Salzherrenhaus* (1730) und im *Haus der Salzknechte* eingerichtet. Hinter der südlichen Stadtgrenze, schon auf Dudweiler Boden der Brennende Berg (328 Meter), den Goethe in «Dichtung und Wahrheit» schildert.

Tholey ㉕. 633 wird der Ort mit der Benediktinerabtei per Schenkung der Marienkirche überlassen. Ein Kleriker aus dem Haus der Merowinger war der Spender. Die jetzige Abteikirche *Sankt Mauritius* wurde 1302 vollendet. Der Turm erinnert an den Erfurter Dom. Hinter dem Schaumberg bei Bergweiler liegt die Blasiuskapelle von 1716, im Ortsteil Theley, nördlich von Tholey, das *Mühlenmuseum* in der Johann-Adams-Mühle von 1735. In Theley arbeitet seit 1987 das *Ökologie-Zentrum, Stiftung Hofgut Imsbach*, im denkmalgeschützten Anwesen, das von 1804 bis 1814 ein Offizier Napoleons bewirtschaftete. Imsbach engagiert sich auch für einen umweltfreundlichen Fremdenverkehr. Im Obergeschoß des *Melkerhauses* ist das Generalsekretariat der «International Federation of Organic Movements» (IFOAM) tätig. 571 Meter hoch ist der Hausberg des Saarlands, der *Schaumberg*, der Tholey überragt. Im Schaumbergturm informiert eine Ausstellung über die deutsch-französischen Beziehungen. Das Panoramabad unterhalb des Turms ist eingebettet in die Landschaft. In Hasborn ist das Grab des Bergmanns Nikolaus Warken (siehe Seite 138).

Überherrn ㉖. Die Gemeinde mit den Ortsteilen Altforweiler, Berus, Bisten und Felsberg berührt die nach Osten vorgeschobenen Lothringer Höhen mit Berus und den Bistwiesen. Die reichste Geschichte hat Berus, mit seinem keltischen Namen (oder ist er lateinisch, von *bellus ramus* = schöner Zweig?). Die Pfarrei wird 918 zum erstenmal urkundlich erwähnt.

Die Reste der *Burg* und der Stadt lohnen einen Ausflug auf die Höhe. An der Burgspitze, gleichzeitig die Nordostspitze des Dorfs, wo sich die beiden Straßen treffen, findet man das *Burgtor*, im Nordwesten das aus der Renaissance stammende *Torhaus Scharfeneck*, an der Kirchenstraße die Kirche *Sankt Martin* und das *Bannhaus* von 1580. Die *Orannakapelle*, westlich des Orts, ist Wallfahrtsstätte. Die Reliquien der Iroschottin Oranna aus der Merowingerzeit, so sagt man, sind 1480 zum erstenmal erhoben worden. Oranna galt als die Heilige Deutsch-Lothringens. Die Kreuzigungsgruppe an der Südwand der Kapelle stammt aus der Werkstatt der Beruser Barockbildhauer Adam und Christian Guldner, deren Schöpfungen wir auch in Sankt Martin begegnen. In der Kapelle erinnert ein Gemälde mit dem Titel «Aus der Tiefe rufe ich» des Sankt Ingberter Künstlers Fritz Zolnhofer an die 299 Bergleute der Grube Luisenthal, die am 7. Februar 1962 Opfer einer Schlagwetterkatastrophe

wurden. Vom *Denkmal der großen Europäer*, dem höchsten Punkt des Bergs, hat man einen eindrucksvollen Blick ins Saartal. In Berus endet der *Johannes-Kirschweg-Wanderweg* (siehe Seite 152).

Völklingen ㉗. Die 48 000-Einwohner-Stadt ist die zweitgrößte im Stadtverband Saarbrücken. Da seit 1974 mit Lauterbach und Ludweiler der Warndt zu Völklingen gehört, ist über die Hälfte des Stadtgebiets Wald. Als *Fulcolinga* ist der Name im Jahre 822 zum erstenmal in einer Urkunde Ludwigs des Frommen belegt. Im Jahre 951 überließ Kaiser Otto I. den Hof dieses Namens in einer Schenkung dem Bischof Adalbert I. von Metz. 1080 fiel das Anwesen dann dem Saarbrücker Sigibert zu. In Geislautern begann man 1572, Eisen zu verhütten. 1881 kaufte Carl Röchling (siehe Seite 60) das Hüttenwerk Völklingen, dessen Konsolidierung dem Gründer nicht gelungen war.

Der bemerkenswerteste Bau in der Stahlstadt ist wohl das *Alte Rathaus* an der Ecke Rathaus-/Bismarckstraße, eine eigenwillige Jugendstilschöpfung der Jahre 1905 bis 1908. Jetzt dient der Bau der Volkshochschule. So ruhen denn die Blicke des Publikums bei Kulturveranstaltungen im Ratssaal auf dem Kolossalgemälde mit dem Titel «Die Schlacht von Spichern». Die evangelische *Versöhnungskirche* entstand im Stil des Neobarock zwischen 1926 und 1928. Seinen versöhnlichen Namen bekam dieser von Carl Röchling

finanzierte Bau erst im Jahre 1968, um dem nationalen Kitsch zu antworten, der damals die Köpfe beherrschte, zum Beispiel das Bild des Adlers, der die Ketten abstreift: Das galt dem Vertrag von Versailles. Ein Mann mit Stahlhelm gehört auch zum Schmuck dieser Kirche, an deren barocker Decke die Familie Röchling prangt. Im allgemeinen zeichnet den evangelischen Kirchenbau an der Saar eine protestantische Nüchternheit aus. Man kannte zum Beispiel, wie die Calvinisten Frankreichs, keine besonderen Kirchennamen. Die Versöhnungskirche in der Moltkestraße ist eine Ausnahme. Und es ist gut, daß die Völklinger mit solchem Erbe leben, ohne es zu überpinseln.

Links: Pietà bei der Kapelle Sankt Oranna in Berus.

Mitte oben: Blick auf Berus.

Mitte unten: Detailansicht des Alten Rathauses in Völklingen.

Mitte unten: Sankt Eligius in Völklingen ist dem Schutzpatron der Hüttenarbeiter geweiht.

Rechts: Workshop der Saarländischen Sommerakademie in Wadgassen.

Die Hochöfen wurden 1986 stillgelegt. Sie arbeiten jetzt in Dillingen für die ganze Saarindustrie.

Wadgassen ㉘. Das Gästehaus des *Mannesmann-Werks* auf der Bouser Saarseite ist ein Prämonstratenserbau, der mit der Abtei unterirdisch verbunden war. Der Anfang des Gangs ist noch da, jedoch dem Publikum nicht zugänglich. Er wird gleich durch einen Betonpfeiler der Autobahn unterbrochen. In der Cristallerie kann man den Glasbläsern und -schleifern bei der Arbeit zusehen: In der ehemaligen Prämonstratenserabtei ist heute die Demonstrationsmanufaktur der Firma Villeroy & Boch etabliert. Natürlich werden hier auch die fertigen Produkte angeboten. In der freundlichen Jahreszeit vermittelt die *Sommerakademie* in den ehemaligen Werksgebäuden und beim Abteiteich mit der Insel kreative Erfahrung und Kooperation. Auch ein Motorradmuseum ist im alten Gemäuer zu besuchen. Im frisch restaurierten *Hofhaus* gegenüber der Abtei wird auch ein Druckereimuseum entstehen. Da beginnt der *Johannes-Kirschweng-Wanderweg* nach Berus (siehe Seite 152). Das Haus des Wadgasser Dichters Johannes Kirschweng (1900–1951) steht auf

dieser Seite der Saarstraße. Der Meister der kleinen Prosa erzählte einmal vom «Schlehenmännchen», dem hilfreichen Geist im Schlehenschnaps, der dem kleinen Mann die Schüchternheit nimmt, wenn er zum Boß gerufen wird.

Im Ortsteil Hostenbach gab es bis 1932 das einzige nichtstaatliche Kohlenbergwerk an der Saar, eine Abteigründung, die dann der bedeutenden Unternehmerfamilie Villeroy gehörte. Das Wadgasser Gemeindegebiet entspricht etwa der Ausdehnung der ehemaligen Prämonstratenserabtei. Mit den Ortsteilen Differten und Werbeln ist Wadgassen auch eine Warndtgemeinde.

Die nahen und mitunter überraschenden Übergänge von Werklandschaft und Wald hat Johannes Kirschweng in seinen Geschichten geschildert.

Wallerfangen ㉙. Der Ort am Fuß des Limbergs war im 10. Jahrhundert Hauptort einer fränkischen Grafschaft, später des deutschen Oberamts im Herzogtum Lothringen.

In Wallerfangen gibt es einige sehenswerte Herrensitze: Das *Schloß Villeroy* (Niederlimberg) aus dem 18. Jahrhundert gehörte einst dem Herrn Lasalle (1794). Es ist seit 1875 im Besitz der Familie Villeroy. Auch der Sitz der Familie de Galhau/von Papen (Mitte 19. Jahrhundert) liegt in einem großen Park. Das *Heimatmuseum* mit Funden aus der Kelten- und Römerzeit lohnt den Besuch.

Wanderwege

Der Saarwald-Verein und der Saarländische Kulturkreis legten ab 1986 verschiedene Kulturwanderwege fest (Saar-Lor-Lux-Kulturwanderwege). Auf all diesen gut markierten Wegen kann der Wanderer besondere Sehenswürdigkeiten des Saarlands und der Nachbarregionen entdecken.

Erzgräber-Weg. Gestartet wird in Schmelz. Über die weiteren Stationen In den Erzgruben, Meilerplätze, Bahnhof Limbach, Birg, Hoxfels, Goldbacher Kapelle führt der Rundweg wieder zurück nach Schmelz (17 Kilometer).

Gallo-römischer Weg. Ein besonders abwechslungsreicher Weg, auf dem es viel zu sehen gibt. Von der Abtei Tholey führt die Strecke über den Schaumberg zum Hofgut Imsbach, von dort zur Johann-Adams-Mühle, vorbei am Bostalsee zum Hunnenring bei Otzenhausen (25,5 Kilometer).

Gräfinthaler-Weg. Der Wanderweg führt durch die reizvolle Bliesgaulandschaft bis ins Nachbarland Frankreich. Die lothringischen Dörfer Frauenberg und Bliesschweyen sind über eine Brücke über die Blies erreichbar. Strecke: Gräfinthal, Mandelbachtal-Bebelsheim, Gersheim-Reinheim (Europäischer Kulturpark), Bliesbruck (Lothringen), Habkirchen (Grenze), Frauenberg (Grenze), Bliesmengen-Bolchen (Lothringen), Gräfinthal (22 Kilometer).

Gustav-Regler-Weg. Nach einem Rundgang durch Merzig folgt man dem Weg die Saargauhöhe hoch zum Bildhauersymposion «Steine an der Grenze» vom Hilbringer Wald bis zum Scheuerwald bei Merzig-Büdingen (8 Kilometer).

Johannes-Kirschweng-Weg. Vom Bahnhof Bous geht es über die Saarbrücke nach Wadgassen, wo man die Reste der Abtei und das Kirschwenghaus in der Saarstraße 19, das Hofhaus und den Abteiteich besichtigen kann. Von dort aus geht es weiter durch das Bisttal zur Orannakapelle nach Berus in der Gemeinde Überherrn (16 Kilometer).

Maria-Croon-Weg. Von Orscholz in der Gemeinde Mettlach geht es durch das Leukbachtal zur Oberen und Unteren Stegmühle, weiter nach Trassem und Saarburg (18 Kilometer). Das Leukbachtal ist schmal und die Leuk ein lebendiger Bergfluß.

Mariannen-Weg. Vom Paradeplatz in Blieskastel führt der Weg über die Klosteranlagen nach Alschbach und Niederwürzbach auf dem Hohberg zum Gollenstein, einem außergewöhnlich großen Menhir keltischen Ursprungs (19 Kilometer).

Matthias-Enzweiler-Weg. Von Bachem in der Gemeinde Losheim geht es über Blumenkreuz, Wendelseiche und Vogelfelsen nach Saarhölzbach in der Gemeinde Mettlach (16 Kilometer).

Pfarrer-Rug-Weg. Gestartet wird in Püttlingen-Köllerbach. Die nächsten Stationen sind Riegelsberg-Walpershofen und Heusweiler-Bietschied. Über das Forsthaus Neuhaus und den Etappenabschnitt Von der Heydt, wo die Restbauten der ehemaligen Grube zu besichtigen sind, geht es weiter bis zum Forsthaus Pfaffenkopf und zur Endstation Ritterstraße in Püttlingen (40 Kilometer).

Warken-Eckstein-Weg. Von Hasborn in der Gemeinde Tholey führt der Weg über Bergweiler, Sotzweiler, Dirmingen in der Gemeinde Eppelborn, Illingen, Merchweiler, die Grube Itzenplitz nach Friedrichsthal-Bildstock, wo man es sich nicht entgehen lassen sollte, den Rechtsschutzsaal des Nikolaus Warken zu besichtigen (35 Kilometer).

Wendalinus-Weg. Der einstige Abt von Tholey war hier Namenspatron. Der Weg führt von der Abtei des in der Gegend verehrten Sankt Wendalinus vorbei an einer der interessantesten Kunststätten des Saarlands, nach Sankt Wendel, das seinen Namen dem Heiligen verdankt. Strecke: Abtei Tholey, Marpingen-Alsweiler, Bliesen, Baltersweiler (Grauer Dorn), Skulpturenstraße und Steinbildhauersymposion, Dom Sankt Wendel (18,5 Kilometer).

Ob Wander- oder Radfan, das Saarland bietet zahlreiche Oasen für «Naturhungrige». Bei Nonnweiler (oben) ...

... in den Grünanlagen an der Saar in Saarbrücken (links unten), in der Umgebung von Tholey (rechts unten).

Radwandern ohne Grenzen. Beim Fremdenverkehrsverband Saar in Saarbrücken oder beim Verkehrsverein Bexbach gibt es einen «Neuntageprospekt» mit Streckenkarten à 50 Kilometern. Gepäckbeförderung zum nächsten Hotel ist möglich.

Saarland-Rundwanderweg. Auf dieser rot-weiß ausgezeichneten Strecke von 270 Kilometern, die durch Wälder vorbei an Kultur- und Industriedenkmälern führt, die Moselgauschleife von 41 Kilometern und die Bliesgauschleife von 60 Kilometern einschließt, läßt sich das Land unter seinen reizvollsten Blickpunkten erleben. Beim Saarwald-Verein gibt es Karten für die Streckenabschnitte.

Essen und Trinken

Man kann gut essen an der Saar und gut trinken. Wem an Rangfolgen liegt, der kann sich in einem der zahlreichen Gourmetführer davon überzeugen. Die Zeitschrift «Gastrotel» nennt 1993 von 824 besonders herausragenden Gourmettempeln 18 im Saarland. Besser als davon zu lesen ist es indessen, davon zu kosten.

Die kulinarische Landschaft ist reich, und die Eßregion ist größer als das Bundesland. Das lädt manchen zu Grenzüberschreitungen ein. An der Saar findet man noch eine bodenständige fränkische Küche. Da wird deftig gekocht. Zum Beispiel «Gelleriewemutsch» (Eintopf mit Karotten) oder dicke Suppen mit Hülsenfrüchten («Quer-durch-de-Garde» oder «Bibbelschesbohnesupp»). Zum Braten gibt es früher wie heute «Gefillde», gefüllte Kartoffelklöße, mit Specksoße und Sauerkraut.

Daneben ist die lothringisch-französische Küche hier so gut wie zu Hause. Allein dies gewährleistet Vielfalt. In den letzten Jahren kam die leichte, frugale Kost hinzu, nach der heute eine große Nachfrage besteht. Auch die Weinkarten ergänzen sich: Saartropfen aus Rheinland-Pfalz, Moselwein von der Saar, Französische Weine. Nicht selten ist der Tropfen aus dem Nachbarland leichter zu bekommen als heimische Weine.

Persönlichkeiten von der Saar

Liesbet Dill. In Dudweiler wurde die Verfasserin vieler Romane am 28. März 1877 geboren, als Tochter eines Brauereibesitzers. Ort ihrer Kindheit war der jetzige Nassauer Hof. Als Ehefrau des Sozialhygienikers Karl Wilhelm von Drigalski lebte sie nach 1905 in Berlin, nach dem Zweiten Weltkrieg in Wiesbaden, wo sie am 15. April 1962 starb. Gut die Hälfte ihrer über hundert Bücher spielt an der Saar. Zwar muß man Liesbet Dill zu den Trivialautorinnen zählen, doch sie berichtet präzise über das Grenzland, aus der Sicht großbürgerlicher Erfahrungen. Alle anderen Autoren aus dem Saarland schreiben aus der Erfahrungswelt kleiner Leute (siehe unten).

Johann Guittienne. Wo die Nied eine Volte macht, im Grenzort Niedaltdorf, wurde der kämpferische Demokrat Johann Guittienne geboren (1809–1889). Er wirkte viele Jahre als Bürgermeister. Fritz Reuter hat dem Gefährten und Mitgefangenen in seinem Erinnerungsbuch «Ut mine Festungstied» ein Denkmal gesetzt. Einen Gedenkstein findet man in Niedaltdorf, Ortsteil der Gemeinde Rehlingen-Siersburg.

Alfred Gulden. Der 1944 in Saarlouis-Roden geborene Autor hat dem heimischen Moselfränkisch nach afrikanischen Vorbildern zu einer phonetischen Rechtschreibung verholfen und diese Mundart konsequent als Literatursprache eingesetzt. Seine «Leidinger Hochzeit» (1984) erzählt von dem Dorf Leidingen in der Gemeinde Wallerfangen. Dort läuft entlang der Straßenmitte die deutsch-französische Grenze. Gegenpol seiner Erzählungen aus dem Saargaudorf sind seine New Yorker Geschichten «Silvertowers» (1993).

Ludwig Harig. Der Verfasser der «Saarländischen Freude» und Kunstpreisträger des Landes wurde am 18. Juli 1927 in Sulzbach geboren. Er hat Saarländisches europäischen Lesern nahegebracht und auf diese Weise ein Stück weit Identität gefördert. In «Die Hortensien der Frau Roselius» geht es erneut um das heimische – gewerbefleißige – Sulzbachtal.

Links oben: Der Regisseur und Filmemacher Max Ophüls (1902 bis 1957) wurde in Saarbrücken geboren.
Rechts oben: Als Schriftsteller ist Ludwig Harig (geboren 1927 in Sulzbach) weit über die Grenzen seiner Heimat bekannt.
Links unten: Der Philosoph Peter Wust (1884–1940) wurde als Sohn eines Siebmachers in Rissenthal geboren.
Mitte unten: Der Literat Gustav Regler (1898 bis 1963).
Rechts unten: Carl Ferdinand Stumm-Halberg (1836 bis 1901) stand mehreren Hütten vor und war einer der führenden Unternehmer des Saarreviers.

Johannes Hoffmann. Der Bergmannssohn und katholische Redakteur, geboren am 23. Dezember 1890 in Landsweiler-Reden, engagierte sich 1934 gegen ein Wählervotum für die «Heimkehr ins Deutsche Reich». Vom 15. Dezember 1947 bis zum 23. November 1955 war *Joho* – das Journalistenkürzel von Hoffmann wurde zu seinem Markenzeichen – Ministerpräsident des an Frankreich angelehnten Landes. Eine Saaridentität an ihm vorbei wäre schwerlich denkbar.

Katharina Kest. Das «Gänsegretel von Fechingen», geboren am 1. März 1757, wurde als Gefährtin des letzten Nassau-Saarbrückers Ludwig, zur linken Hand getraut, Reichsgräfin von Ottweiler, dann Herzogin von Dillingen. Sie starb am 11. Dezember 1829 als verarmte Emigrantin in Mannheim, eine Geschichte von Aufstieg und Fall, die die Phantasie beschäftigte.

Johannes Kirschweng. Der Priester-Dichter, am 19. Dezember 1900 in Wadgassen geboren, ließ sich zu Beginn der dreißiger Jahre vom Kirchendienst zugunsten seines literarischen Schaffens beurlauben. Kirschweng, der am 22. August 1951 in Saarlouis starb, lebte und arbeitete im Haus seiner Kindheit, schrieb über Wadgassen, die Chorherrenvergangenheit und das Leben der kleinen Leute – und über ihre Gärten. Frömmigkeit transzendierte in seinen Geschichten die Alltagsnöte. 1934 engagierte er sich für den Anschluß der Saar an das Deutsche Reich, nach 1945 für Johannes Hoffmanns Konzept von der Autonomie an der Seite Frankreichs. Immer aber ging es ihm darum, daß die historische Landschaft «Lothringen» nicht durch Zoll- und Nationalstaatsgrenzen geteilt werde. Grenzlandgeschichte war ihm greifbar gegenwärtig.

Michel Ney. Der Küfersohn aus der Bierstraße in Saarlouis, geboren am 10. Januar 1769, brachte es in einer Armee ohne Adelsmonopol zum Marschall von Frankreich. Die Rückkehr Napoleons aus seinem Nobelexil auf Elba am 1. März 1815 brachte ihn in einen Loyalitätskonflikt zwischen Bonaparte und den Bourbonenkönig Ludwig XVIII., der tödlich endete: Am 7. Dezember 1815, nach Napoleons endgültiger Niederlage, wurde Michel Ney des Hochverrats angeklagt und erschossen. Dieser Konflikt zwischen zwei Fahneneiden blieb in der Saarerinnerung haften, vor allem aber die Geschichte eines Aufstiegs, der ganz unten begann.

Max Ophüls. Der große Filmautor und -regisseur wurde am 6. Mai 1902 als Maximilian Oppenheimer in Saarbrücken geboren. Er war ein Kind des Nauwieser Viertels (siehe Seite 48). Nach seinen großen Filmerfolgen von 1932, dem Opernfilm «Die verkaufte Braut» und der Schnitzler-Verfilmung «Liebelei», mußte er bereits ein Jahr später aus Deutschland emigrieren. Nach dem Zweiten Weltkrieg kehrte Ophüls nach Europa zurück und drehte zwischen 1950 und

1955 in Frankreich die Filme, die ihn berühmt machten. Er starb am 26. März 1957 in Hamburg.

Seit 1980 findet immer im Januar das *Filmfestival Max-Ophüls-Preis* in Saarbrücken statt. Der Preis wird von einer internationalen Jury an Jungfilmer verliehen.

Gustav Regler. Der Merziger Buchhändlersohn wurde am 25. Januar 1898 geboren und starb am 14. Januar 1963 in Neu-Dehli. 1928 erschien sein erster Roman «Zug der Hirten». In Worpswede begegnete er Mieke Vogeler, der Tochter des Malers Heinrich Vogeler. 1933 folgten Emigration und Ausbürgerung als Kommunist. 1937 kämpfte Regler auf republikanischer Seite im spanischen Bürgerkrieg und wurde schwer verwundet. 1939 trennte er sich von der kommunistischen Partei. Ab 1940 lebte er in Mexiko. 1958 erschien seine Biographie «Das Ohr des Malchus». 1960 bekam er den *Kunstpreis des Saarlands.* Sein Leben voller Welterfahrungen, voller Aufbrüche und Neuorientierungen kann als saarländischer Kontrast zu Kirschwengs saarländischem Lob des Daheimbleibens gesehen werden.

Carl Ferdinand von Stumm-Halberg. Als die Stumms aus dem Hunsrück im Jahre 1806 das Neunkirchener Eisenwerk erwarben und 1809 die Halberghütte, war die Familie schon seit Generationen im Hüttenwesen erfolgreich gewesen. Carl Ferdinand, dessen Mutter aus der Saarbrücker Kaufmannsfamilie der Böckings stammte, wurde am 31. März 1836 in Saarbrücken geboren und starb dort am 8. März 1901, auf dem Halberg, der in seinen Freiherrntitel einging. Als Zwölfjähriger verlor er den Vater, der sich im Kampf um sein Eisenwerk gescheitert sah. Die Unbedingtheit, mit der er alles Übrige auf der Welt dem Stahlmachen unterordnete, verlangte er auch von seinen Arbeitern. Das war sozusagen der Kern des «Systems Stumm». In seiner vierunddreißigjährigen Parlamentstätigkeit engagierte sich der Freiherr für Schutzzölle. Als Großaktionär der Dillinger Hütte förderte er die Kartellpolitik der Stahlproduzenten. Mit dem Erwerb des Hüttenwerks Uckange in Lothringen trug er zum Verbund von Erzförderung und Verhüttung der Region bei.

Peter Wust. Die Familie lebte in Rissenthal vom Flechten und Vertrieb von Sieben aus Weidenruten. Der Weg Peter Wusts, geboren am 28. August 1884, zum Philosophielehrstuhl in Münster war zwangsläufig langwierig. Erst 1932 wurde er Professor. Bis zu seinem Tod am 3. April 1940 blieben nur acht Jahre, doch sie waren erfüllt vom Kampf des mutigen Hochschullehrers gegen Hitlers Ideologie. Daß der Saarkatholizismus eine Sache der kleinen Leute war, aus deren Mitte der Rissenthaler selbst kam, bedeutete seine Chance, etwas Neues zu entwickeln: Peter Wust formulierte katholische Existenzphilosophie.

Register

Kursive Ziffern verweisen auf Abbildungen.

Personenregister

Orts- und Sachregister

Text- und Bildnachweis

Textnachweis

Aragon, Louis: Die Karwoche. Übersetzt von Hans Mayer. München: Biederstein Verlag 1961.

Dill, Liesbet: Virago. Roman aus dem Saargebiet. Stuttgart und Berlin: Deutsche Verlagsanstalt 1913.

Döblin, Alfred: Das Gespenst vom Ritthof, in: Erzählungen aus fünf Jahrzehnten. Olten und Freiburg im Breisgau: Walter Verlag 1977.

Fontane, Theodor: «Aus den Tagen der Okkupation», in: ders.: Gesammelte Werke, Bd. 16. München: Nymphenburger Verlag 1962.

Goethe, Johann Wolfgang von: Dichtung und Wahrheit, 2. Teil, 10. Buch, in: ders.: Gesammelte Werke, Autobiographische Schriften I. Hamburger Ausgabe, Bd. IX, hrsg. von Erich Trunz. München: Verlag C.H. Beck 1982.

Harig, Ludwig: Die Harmonie der Widersprüche. In der Mitte der Welt, in: ders.: Die neue saarländische Freude. Veränderte Neuausgabe. Frankfurt am Main: Fischer Taschenbuch Verlag 1990; München, Wien: Carl Hanser Verlag 1977, 1978.

Huch, Ricarda: Willi Graf, ein Lebensbild, in: Der lautlose Aufstand. Bericht über die Widerstandsbewegung des deutschen Volkes 1933–1945, hrsg. von Günter Weisenborn. Hamburg: Rowohlt Verlag 1953.

Hugo, Victor: Choses vues, 1849–1869. Übersetzt von Eugen Helmlé, in: Fred Oberhauser, Rainer Petto: Ein Saarländisches Lesebuch. Saarbrücken: Saarbrücker Druckerei und Verlag 1980.

Knigge, Adolf von: Briefe auf einer Reise aus Lothringen nach Niedersachsen geschrieben. Sämtliche Werke Bd. 20. Neudeln/Liechtenstein: KTO Press 1978.

Koeppen, Wolfgang: Reisen nach Frankreich. Frankfurt am Main: Suhrkamp Verlag 1979.

Petto, Rainer: Ein Kind der fünfziger Jahre. Saarbrücken: Saarbrücker Druckerei und Verlag 1985.

Regler, Gustav: Im Kreuzfeuer. Frankfurt am Main: Fischer Taschenbuch Verlag 1986.

Sturm Vilma: Im Saarland, in: Deutsche Landschaften, hrsg. von Nikolas Benckiser. Frankfurt am Main: Societätsverlag 1972.

Bildnachweis

Archiv für Kunst und Geschichte, Berlin: S. 38 o. und l.u., 64/65 M.u., 80 l., 85, 86 l.o., 87 l.u., 107

Bildarchiv Preußischer Kulturbesitz, Berlin: S. 36/37 M., 36 l.o., 37 r.o., 81 r., 108, 154 M.r.

Günter Debold, Spiesen: S. 114

Dillinger Hütte, Dillingen: S. 86/87 M.

Erich Honecker (Privatbesitz): S. 63 r.u.

Landesinstitut für Pädagogik und Medien, Dudweiler: S. 36 l.u. und r.u., 37 r.u. und l.u., 40 l.o., 58, 59, 60 (2), 61, 64 l.o. und l.u., 65 r.o., 79, 80/81 M., 86 r.u., 154 l.u.

Landeszentrale für politische Bildung, Saarbrücken: S. 86 l.u.

Landratsamt Saarlouis: S. 112 l.o., M.l. und r.u., 113 l.u.

Moderne Galerie Saarbrücken: S. 63 o. und l.u.

© Isolde Ohlbaum, München: S. 154 r.o.

Saarbergwerke, Saarbrücken: S. 87 r.o.

Saarlandmuseum, Stiftung Saarländischer Kulturbesitz, Saarbrücken: S. 25 o., 40 l.o., 41 r.o.

Saarstahl Aktiengesellschaft, Völklingen, Werkfotos: S. 112/113 M., 113 M.r. und r.o.

Julius Schmidt Presse- und Werbefotos, Saarbrücken: S. 154 M.

Süddeutscher Vertrieb, Bilderdienst, München: S. 154 l.o.

Ullstein Bilderdienst, Berlin: S. 38 r.u., 39

Villeroy & Boch, Mettlach: S. 82

Alle übrigen Abbildungen stammen von Detlef Ihlenfeldt, Bremen.

Die Karte auf Seite 155 zeichnete Astrid Fischer-Leitl, München.

Vorsatz: An der Saar in Saarbrücken. Hintersatz: In der Nähe der Saarschleife.

Wir danken allen Rechteinhabern für die freundliche Erlaubnis zu Nachdruck und Abbildung. Trotz intensiver Bemühungen war es nicht möglich, alle Rechteinhaber zu ermitteln. Wir bitten diese, sich an den Verlag zu wenden.

Alle Angaben dieses Bandes wurden von den Autoren sorgfältig recherchiert und vom Verlag auf Stimmigkeit und Aktualität geprüft. Allerdings kann keine Haftung für die Richtigkeit der Informationen übernommen werden. Für Hinweise und Anregungen sind wir jederzeit dankbar. Zuschriften bitte an Verlag C.J. Bucher, Lektorat, Goethestraße 43, 80336 München.

Impressum

Konzeption: Axel Schenck
Bildgestaltung:
Joachim Hellmuth
Lektorat: Angelika Loos,
Angelika Franz
Anthologie: Cornelia Fischer
Bilddokumentation:
Maria Guntermann
Graphische Gestaltung:
Werner Poll
Herstellung: Angelika Kerscher

Technische Produktion:
Fotosatz Ressemann,
Hochstadt; Repro Lana,
I-Lana; Druck und Bindung:
Eberl, Immenstadt

©1993, 1994
by Verlag C.J. Bucher GmbH,
München
Alle Rechte vorbehalten
Printed and bound
in Germany
ISBN 3 7658 0836 9

EDITION

DIE DEUTSCHEN LÄNDER

Jeder Band 160 Seiten, durchgehend farbig, mit historischer Bilddokumentation.
Format 24 x 30 cm.
Gebunden mit Schutzumschlag.
Hervorragendes Preis-Leistungsverhältnis. Zum Teil mit fremdsprachigen Bildlegenden.

BUCHER
Maßstab für Bildbandqualität